成人発達理論から考える

成長疲労社会への処方箋

新自由主義的社会における
「人生を豊かにする」
実践的成長論

知性発達学者・現代思想家
加藤洋平
Yohei Kato

日本能率協会マネジメントセンター

あなたは大海の中の一滴ではない。あなたは一滴の中にある海全体なのだ

ルーミー（ペルシャの詩人）

何も見えない夜に何かを思うことができる人、例えば、遠いところにいる家族や友を思う、あるいは神を思うことのできる人は、展望を持つことができる人であろう

今道友信（美学哲学者）

まえがき

●――本書執筆の思い

このたびは何かのご縁で本書を手に取っていただき、どうもありがとうございます。

本書は、私たちの成長を取り巻く問題に関する書籍でありながら、私たちの人生を豊かにする成長を実現する上で重要なこと、そしてその実現に向けた実践について紹介している書籍です。

コロナ後の新しい社会の開拓を目指す「新しい資本主義」を謳う社会の中で、改めて私たちの成長を取り巻く社会状況について冷静に見つめ直すきっかけになればと思います。

具体的には、新自由主義的資本主義と言われる社会の中で生きている私たち日本人が、成長というものをどのように捉え、新自由主義の影響をどのように受けているのかを分析し、今、この瞬間からできるような実践を考えるための手引書になれば幸いです。

私の専門は、成人がどのようなプロセスとメカニズムで成長していくのかを扱う「成人発達理論」と呼ばれる学問です。

当該分野は2010年代に入り、ハーバード大学教育大学院教授ロバート・キーガンの著書

『なぜ人と組織は変われないのか』（邦訳：英治出版、2013）を皮切りとして、近年に至っては『ティール組織』（邦訳：同、2018）などの書籍を通じて、コーチングやサイコセラピーなどの対人支援、そして組織開発の関係者の中で随分と知られるようになってきました。

また、それらの書籍に加えて、筆者の過去の著作『なぜ部下とうまくいかないのか』（日本能率協会マネジメントセンター、2016）と『成人発達理論による能力の成長』（同、2017）においても、私たち成人がどのようなプロセスとメカニズムで成長していくのか、そしてそれを促す方法としてはどのようなものがあるのかについて言及してきました。

しかし、成人発達理論が少しずつ企業社会の人材育成や組織開発に取り入れられつつある状況の中で、それらの理論が成長を促すというよりも、成長を強要する形で、すなわち目には見えない乱暴な形で利用されるケースが見られるようになってきました。

昨今流行《はや》りの「人的資本」や「リスキリング（reskilling）」も、それらが持つ意図や目的は大変素晴らしいのですが、人的資本へ投資をすることが強要される流れや、新しい知識やスキルを学ぶことが自発的なものではなく、外発的なものになってしまっている状況が見え始めています。

さらには、組織や社会からの成長の圧力のみならず、自らを成長に駆り立てるような形で学習や実践をすることによって、慢性的な「成長疲れ」とでも言えるような状況に陥っている人たちも多く見られるようになってきました。

そうした状況を鑑みて、本来健全な成長を促すための成人発達理論が、どういった社会的な風土や仕組みによって、間違った形で活用されてしまっているのか、また私たちに成長疲れを引き起こす社会的な要因は何なのかを分析し、そうした状況の改善と成長疲れからの解放に向けた実践的な処方箋を提示していければと思います。

本書を通じて、明示的な形で処方箋を提示することもあれば、暗示的な形で浮かび上がってくる処方箋もあります。前者は、私自身が企業人であった体験と、成人発達理論をもとにしたコーチングとコンサルティングの体験から導き出されるものであって、それらを鵜呑みにすることなく、皆さんなりの実践を考えていただくためのヒントにしていただければと思います。

本書の中心は私たちの成長を取り巻く社会的な分析にあり、そうした分析を読み進める過程で皆さんの中で、「この分析をもとにすれば、こうした実践なら自分にも始められそうだ」というように、皆さんの新たな実践を生み出すきっかけとなるような気づきや洞察を提供できたら幸いです。成長を取り巻く社会的な分析に加えて、合計で18個の「成長疲労への処方箋ワーク」を紹介していますので、それらの具体的な実践にもぜひ取り組んでみてください。

本書にはあまり馴染みのない学者や言葉が多々登場するかもしれません。できるだけそうした学者や言葉について説明を加えていますが、誌面の都合上、全てを詳細に紹介することは困難です。概念や専門用語についてはその都度、簡単な定義や説明を入れていますが、もし詳しくそれらについて知りたいと思った場合には、きちんと調べてみることをお勧めいたします。自分なりに調べてみることで思わぬ気づきや発見がもたらされることがありますので、本書で言及した学者や言葉を出発点にして、さらなる発展学習を行っていただければと思います。

本書の核となる学者について

本書を通じて、様々な分野の学者の研究に触れていきますが、**核となるのはドイツの思想家ビョンチョル・ハン**（Byung-Chul Han：1959–）と、**ドイツのプロテスタント神学者ポール・ティリック**（Paul Tillich：1886–1965）[1]です。

それでは、どのような理由でこの2人の学者に注目したのかを紹介します。

私たちの成長を取り巻く社会状況を分析する際には、私たちが水や空気のように触れている資本主義の分析を行わなければなりません。資本主義の分析に関して、ビョンチョル・ハンもポール・ティリックも非常に重要な考察をしています。

まず、ビョンチョル・ハンは、欧州の現代思想界では非常に著名であり、現在最も注目を集めている思想家の1人です。ハンはとりわけ、マーティン・ハイデガーを代表とするドイツ思想とミシェル・フーコーを代表とするフランス思想の流れを汲み、私たちが置かれている資本主義的社会の種々の問題の構造を明瞭に分析しています。

後者のポール・ティリックは、成人発達理論の権威でもあるロバート・キーガンを筆頭にした、ハーバード大学の発達理論の研究者集団である「ハーバード学派」の研究者たちに多大な影響を与えたことでも知られています。ティリックは、神学者としての仕事に留まることなく、同時代の社会問題に対して強く関心を持っていた人でもありました。中でも、神学という神の世界の摂理を扱う学問の目を通して資本主義を批判した論考の大部分は、現代の資本主義を批判的に検討する意味でも非常に有益です。

また、そもそも成人発達理論というものが、人文社会科学の発達心理学に含まれるものであり、その理論はどうしても人間を中心とした物の見方になりがちです。そうした限界を抱えているのが成人発達理論という学問分野であり、その限界を巧妙に突く形で資本主義は、私たちの成長を商品のように扱う形で各種のビジネスやサービスを展開したり、成長を過度に駆り立てるかのような精神風土や仕組みを社会に張り巡らせたりしています。

そうした状況を鑑みて、ハンによる社会学的・哲学的なアプローチで成長を取り巻く社会状況を分析するだけではなく、ティリックによる神学的なアプローチで成長を取り巻く社会状況を分析していきたいと思います。

現代社会の遍くところに影を落とす現代資本主義を網羅的に分析するのは至難の技です。そのためには、例えば、経済学的な観点や歴史学的な観点が必要になるでしょう。

しかし**本書は、現代資本主義を網羅的に分析することが目的ではなく、分析の主眼はあくまでも、私たちの成長を取り巻いている社会文化的なものになります。**もちろん、通貨発行権や経済・金融政策などの問題は非常に重要であり、資本主義というものがどのように歴史的に発展してきたのかを知ることも重要です。ですが、それらは往々にして、私たちの日々の生活感覚から遠いところにあることは否めないでしょう。

そのため**本書では、成長を実現するために私たちが良いことだと思って知らず知らずにやっている身近な実践や、成長を促すために社会が推奨している事柄に主眼を当てることにしました。**

ハンは哲学者であり、ティリックは神学者であったことから、彼らが提示する観点を用いて社会文化的な問題を分析する際には、何か実証的なデータを用いるわけではありません。

現代は、ビッグデータの時代ということで、データが重んじられ、データを用いて現象を語ることがもてはやされています。データを用いて現代の資本主義社会の諸課題を分析することは非常に大切であることはもちろんなのですが、それには問題点もあり、その問題点に触れる形で、**本書では実証的なデータは用いず、あくまでも哲学的・神学的な観点を通して、成長を取り巻く私たちの社会文化的状況の意味や性質を紐解き、まずは自分の身を守るための護身術としての実践的処方箋を提示していきます。**

愛する人や他者を守るためにはまずは自分を守る必要があり、その先に社会の治癒と変容に向けての実践や施策が見えてくるのではないかと思います。

ティリックは資本主義を「宗教ではないが宗教的なもの、あるいは擬似宗教（quasi-religion）」と捉えていました。宗教的なものとしての資本主義は、宗教との類似的な性質として、売り上げや年収が高いほうが偉く良いといった固有の信念体系と実践体系を持っています。

それらを暴くことそのものが、すなわちそれらに気づくことそのものが、資本主義による抑圧から解放されることにつながっていきます。

気づきの意識を通じた治癒と変容は、成人発達理論でも強調されることであり、古くはフロイトの精神分析学やそこから派生したサイコセラピーの技法においても大切にされていることです。続く章を通じて、まずは私たちの成長を取り巻く資本主義の様々な特性に気づいていくところから始めましょう。

それらもまた、私たち自身を救済する大事な実践になります。

注1：Paul Tillichは、日本では「パウル・ティリッヒ」と表記されることが多いですが、アカデミックな世界における共通語である英語の発音に忠実となり、本書では「ポール・ティリック」と表記しています。また、これ以降登場する人名についても同様に英語の発音による表記としています。

目次——成人発達理論から考える成長疲労社会への処方箋

第2章

成長疲労社会からの脱却

第3章 発達理論から真の成長を考える

第2部 透明化する社会への処方箋

第4章 デジタル環境下における管理社会

第3部 資本主義批判の中での成長への実践

第5章 悪魔的資本主義における成長第3の道

第6章 資本主義の矛盾とポストコンベンショナルな思考

終章
「成長疲労への処方箋ワーク」の発展的活用法

第1部

成長疲労社会への処方箋

社会は書かれることで政治に目覚める

バーナード・スティグラー（フランスの哲学者）

第1章

新自由主義的社会が生み出した弊害

私たちが直面する壁は全て扉である

ラルフ・ワルド・エマーソン（アメリカの思想家）

新自由主義がもたらした疲労社会

ビョンチョル・ハンは、新自由主義的資本主義が進行する社会は、「疲労社会（燃え尽き症社会：burnout society）」であると述べています。

ハンが前提としている新自由主義は、源流にはオーストリアの経済学者フリードリック・ハイエクの思想を持ち、アメリカのジョージ・スティグラーとミルトン・フリードマンを代表とする通称「シカゴ学派」と呼ばれる経済学者たちによって広く展開されていきました。

シカゴ学派の特徴である**新自由主義とは、「国家による介入をできるだけ小さくし、福祉や公共サービスを民営化していくことを良しとし、大幅な規制緩和を掲げながら、多くの事柄を市場の競争原理に委ねること」**と一般的には解釈されています。

新自由主義的な経済政策としてよく知られている代表的なものは、イギリスのマーガレット・サッチャー政権によるサッチャリズムや、アメリカのロナルド・レーガン政権によるレーガノミクスと呼ばれる経済政策です。

日本においては、中曽根康弘政権によって進められた電話や鉄道などの民営化も新自由主義の影響を受けた政策になります。また、1990年代後半における韓国の金大中《キムデジュン》政権や、2000

年代に入ってからの小泉純一郎政権もまた、新自由主義路線を掲げた政策を進めていきました。

新自由主義というのは1つの政治経済上のイデオロギーであり、そのイデオロギーが各国で具体的にどのような政策として展開されるかは文化的な差異があり、何をどこまで民営化するかの度合いや、規制緩和の対象やその度合いが異なることは確かです。

しかし、ハンが指摘するように、新自由主義的な要素を社会運営に取り入れた前述の先進国は、「疲労社会」と呼ばれるにふさわしい社会文化的な問題が顕在化し始めています。

それではどのような問題が顕在化されているのかを、特に人間の成長を取り巻くコンテクストに絞って見ていきたいと思います。

ハッスルカルチャーの弊害

現代における人間性の観点に基づく善とは、実際のところは悪に過ぎない

スラヴォイ・ジジェク（スロヴェニアの哲学者）

疲労社会というのは、まさに文字通り、「社会で生活する人々の心身が疲弊していること」を指すものですが、ハンは新自由主義的社会の生活様式を特徴付けるものとして「ハッスルカル

チャー（hustle culture）」という現象を指摘しています。

日本語で「ハッスル」というと、ひょっとしたら肯定的な意味として響くかもしれませんが、ハッスルとはもともと英語の〝hustle〟という言葉に語源があり、その意味は「乱暴に押し込む」「無理にさせる」という意味を持ちます。

まさに現代においては、自分の時間やエネルギーを無理に押し込める形で過労状態にある人が増えていることからも、ハッスルの原義である現象が社会に浸透し始めていることが窺えます。

この社会現象を成人発達理論の観点で眺めてみると、それは私たちの成長を促すというよりも、全く逆に、私たちの成長を阻害する要因になっていると思われます。

発達心理学者のロバート・キーガンが指摘するように、私たちが真に成長を遂げていくためには、適切な課題と適切な支援のもと、じっくりと長大な時間をかけて実践に取り組む必要があります。

しかし、燃え尽き症を助長するような形で、自分を駆り立て、知識や情報をなんでも詰め込み、短時間のうちに成果を求めようとする形のハッスル状態は、私たちの成長を実現させてくれないだけではなく、それを抑圧してしまうことにもつながります。

そして大きな問題は、人々は自分がハッスル状態であることに無自覚であり、新自由主義的資本主義は、際限のない生産と消費によって成り立っている側面があるため、人々をとにかく駆動させることに仕向けます。

フランスの哲学者かつ神学者のジャック・エラルが指摘するように、種々のプロパガンダやテクノロジーを通じて、私たちは自分の行動が良いことであるかのように無自覚的に信じ込んでしまう傾向があります。

例えば、長く働くことが良いことだという思い込みや、高速列車によって早く移動できることが良いことだという思い込みは、社会から投げかけられるプロパガンダやテクノロジーを通じて形作られるとエラルは指摘しています。そこでは健全な批判意識が抑圧され、自分は正しいことをしていると信じ込み、プロパガンダやテクノロジーによって方向付けられたある行動を良いものとする意識は、往々にして社会の共通意識となっていきます。

さらには、ハンが指摘するように、私たちはハッスル状態に無自覚であるか、仮にその状態に気づけたとしても、自分を駆り立てることが良いことであるかのような錯覚を覚えます。

その背後には、後述する新自由主義的資本主義を構成している「達成主義（achievementism）」や「能力主義（meritocracy）」の考え方があるため、成長に向かって突き進むことが良いことであると思い込み、むしろ成長に向かって猪突猛進的に進んでいないと不安を覚えるのです。

その結果として、自分の心身を壊すところまで追い込んでしまい、燃え尽き症（burnout）、うつ病（depression）、そして最悪の場合には、自殺（suicide）を招いてしまいます。

現代社会においては、さらなるハッスルに向けて自分を奮起するための種々の取り組みが大々的に行われています。

例えば、マインドフルネスやヨガ、各種のエクササイズなど、ライフハック的なものはどれもこれも、さらなるハッスル状態へ人間を駆り立てる道具に過ぎなくなってしまっています。現代人の多くは、自分の表面的なスペックを高めることやカネを稼ぐことに躍起になる形で情熱を発揮し、そして実はそうした試みそのものが、自己を飽くなき成長に駆り立て、自らを疲弊させることにつながっていきます。

そうなってくると、燃え尽き症やうつ病など、多くの人が種々の精神疾患を患い、社会が荒廃してしまうのも無理はありません。

私たちの体力や気力、そして金銭や時間を搾取するハッスルカルチャーに自らが取り込まれていないかどうか、それを確認するための最も簡単な基準として、1日の中で本当に寛げる時間がどれだけあるかということや、仕事とは全く関係のない——金儲けとは全く関係のない——自分が本当に好きな活動にどれだけ時間を割いているのかなどを挙げることができるでしょう。

十中八九、ハッスルカルチャーに取り込まれ、自分のエネルギーや時間が搾取されている人たちには、そのような時間はないはずですし、そうではない人たちにはちゃんとそうした時間があるはずです。

やってみよう！ 成長疲労への処方箋ワーク❶

皆さんの日々の生活の中で、仕事のためではなく純粋に趣味として行っている活動にはどのようなものがあるでしょうか？

もし今そうした活動に従事していなくても、本当はやりたいと思っている活動にはどのようなものがありますか？

その活動を日々の生活に取り入れるために必要なこととして、どのようなことが考えられるでしょうか？

自己を包括的に深め、自分の世界観を広げるために、今の自分の実践の偏りも分析してみましょう。

例えば、身体的な実践（ランニングやエクササイズなど）、認知的な実践（読書など）、芸術的な実践（芸術鑑賞や創作活動など）、霊的な実践（瞑想や祈りなど）、こうしたことに偏っていたりしていませんか？

そうした偏りを分析した上で、可能であればこれまで自分があまり馴染みのない領域の実践にも挑戦してみましょう。

日米で微妙に異なるハッスルカルチャー

日本のハッスルカルチャーは、アメリカのそれと構造や向かう先は同じでありながらも、見かけは少し違う点があります。日本にも当然億万長者はいますが、制度的（税制的）に、アメリカのような世界の富の大部分を牛耳るようなスケールの金持ちは多くありません。

アメリカでは、そうした大金持ちが人々の金銭欲と達成欲を刺激するようなセミナーやスピーチを行う光景は日常茶飯事です。もちろん、良家の本当の金持ちはそのようなことを積極的に行いませんが、ビジネスで成功した成金的な金持ちはそうしたセミナーやスピーチを行い、人々をハッスルカルチャーに引き込み、成功に向けて駆り立てる光景をよく見かけます。そうした光景は、テクノロジーが発達した現代においては、皆さんもインターネット上で動画を通じて目にしたことがあるのではないでしょうか。

アメリカでは「アメリカンドリーム」という言葉が依然として残っており、実際のところは今も昔もそれを実現するのは難しいのですが、文化的に上昇志向を表に出すような側面がアメリカのハッスルカルチャーに見え隠れしています。

一方、日本では、ビジネスで成功した成金的な金持ちが開催するセミナーはありますが、アメリカほどのパフォーマンス的な、あるいはショー的なものはそれほど見かけることはありません。日本では、上昇志向を表に出すことをあまり良しとしない文化が根付いているように見受けられます。

アメリカでは、アメリカンドリームという大きな成功を夢見ながら自己を駆り立てていくことがアメリカ文化の集合的な無意識に存在する一方、日本では、穏便なハッスルカルチャーとでも形容できるような形で、億万長者をロールモデルにするというよりも、頑張ればなんとか手が届きそうな小金持ちに憧れを持ち、そうした人間に到達するように仕事や自己啓発に自己を駆り立てていく側面が特徴としてあるように思えます。

私がアメリカに留学していた頃や、アメリカで働いていた時代を思い返してみると、アメリカでは挨拶代わりに〝I'm busy〟という言葉を使う人が多くいました。そこでは、忙しくない自分がアメリカンドリームにつながる道から外れていることをまるで深層的に恐れているかのような姿が窺え、彼らは忙しいことが当たり前であるかのように日々を過ごしていることが印象的でした。

それが日本では、アメリカとは文化的に違った意味で忙しさが美徳になっているかのようであり、忙しさを押し殺す形で、自らが忙しいということを積極的に口に漏らすような人はそれほど多くないように思えます。

実際のところは、自分の心身を壊すほどに働いているのですが、それを口に出すことが文化的に抑圧されているかのように、我慢に我慢を重ねるという傾向が見え隠れしています。そうしたところにも日本固有の労働観が見えてきます。

いずれにせよ、自分を成長や成果に駆り立てていき、自己啓発に余念がないという点ではどちらの国にいる人たちもハッスルカルチャーの虜になっていることには変わりがないと言えるでしょう。

マインドセット、グリット、マインドフルネス、セルフヘルプの歪み

私はもう自分のための人間ではありえない。ただ、他人のための人間でしかありえない
ベートーヴェン（ドイツの作曲家）

前述のように、現代人の多くはハッスルしている状態がまるで良いことであるかのように錯覚し、自分を壊す方向に自らを追い込んでしまっていることに無自覚です。まずはそうした状態に気づけることが非常に重要であり、気づきを持つことは実践的な処方箋の効果をもたらします。

その次に大切なことは、社会全体として譫妄《せんもう》的とも形容できるハッスル状態がどのような要因やメカニズムによって生まれているのかに対して批判的な意識を向けることです。

現在、世間で喧伝されているポジティブなマインドセットやグリット（ペンシルバニア大学教授アンジェラ・リー・ダックワースが提唱した概念で「やり抜く力」という意）というのも、一度その中身を精査してみる必要があるかと思います。

今、社会において、ポジティブなマインドセットやグリットというものがどのように扱われているでしょうか。

本来、ポジティブなマインドセットやグリットは、その人の人生を豊かにするような心の持ち方であったはずですが、現在喧伝されているものは、何かに成功するため、あるいは何かを達成するために必要なものとして捉えられているのではないでしょうか。

心の持ち方としてのポジティブなマインドセットやグリットは、まさに「物」であるかのように扱われ、自らの不安を埋め合わせ、虚構の成功を実現するために獲得しなければならない物として追い求められている傾向が色濃くなっています。

結局、そのようにして獲得された物としてのマインドセットやグリットは、それが物であるがゆえに、より良い物としてのさらなるポジティブなマインドセットやグリットがあるのではないかという錯覚のもと、さらなる自己啓発を続け、自分をさらなる成長や成功に導いてくれる、より良い物としてのポジティブなマインドセットやグリットの獲得に自分を駆り立てていくという構造が見え隠れしています。

こうした事柄はマインドセットやグリットのみならず、パフォーマンスの向上に効用があると人口《じんこう》に膾炙《かいしゃ》しているマインドフルネスにも当てはまります。

本来マインドフルネスは、より良い自分になることを目的としておらず、自分が何者であるかに気づかせてくれるものです。

ところが現代のマインドフルネスは、際限のないより良き自分になるための手段にすり替わっています。

成人発達理論の観点からすれば、人間の成長には確かに終わりはないのですが、成長を取り巻く現代の有り様は幾分異常であり、全てを自分の成長物語のために獲得・消費していく姿は、燃え尽き症、うつ病、そして自殺につながる悲劇を連想させます。

現代人の多くは、ハッスルカルチャーの善良な参画者として自らを飽くなき成長や成功に駆り立てているのですが、非常に厄介な問題は、より良き自己に向かっていくということそのものが持つ肯定的な感情です。

ハンは、現代社会は肯定的な感情によって満たされた社会であると指摘しています。本来は、人間誰しも何かしらの劣等感や不安という感情を心の奥底に持っているはずなのですが、ハッスルカルチャーによって働く動機付けが強化されている人たちは、自己を成長に駆り立てることに忙しく、そうした深層的な感情を対象化することができません。彼らは、「自分は成長している」

「自分はより良い自分に向かっている」という錯覚的な肯定感情に突き動かされているため、燃え尽き症やうつ病を患うまで自分を破壊的・搾取的に駆り立てていきます。

結局のところ、世の中で言われている自己啓発関係の書籍もセミナーも、大抵は経済的に裕福になることや何かを達成すること、あるいはより良い自分を実現していくことと結びついていて、「自己を助ける」という意味での「セルフヘルプ」ではなく、「自己を搾取する」という意味での「セルフエクスプロイテーション（self-exploitation）」に過ぎないものになっていることに気づく必要があるのではないでしょうか。

本来のセルフヘルプは、自己の囚われから自らを解放することが本質にあり、自己救済と合わせて、他者の救済や社会の救済に向かわせるものです。

現代のハッスルカルチャーでは、自分と他者の双方を救うという意味での利他的（あるいは「自他的」）なセルフヘルプではなく、利己的なセルフヘルプが横行してしまっていることに批判的な眼差しを向け、まずは自分自身が利己的なセルフヘルプを推進していないかを検証してみることから始めてみるのが重要かと思います。

コラム1

ポストコロナ時代における「霊性の物質化」の危険性

悟りとは、エゴの究極的な落胆である

チョギャム・トゥルンパ（チベットの仏教者）

ハンが指摘するように、新自由主義は私たち個人個人を分断させ、つながりを希薄にさせながら私たちを孤立化させていきます。ただでさえそうした力が働く社会の中に生きているにもかかわらず、世界的に蔓延している新型コロナウイルスによって、人とつながれないことに対する不安を抱えている人が増えています。つながりへの渇望を逆手に取るかのように、日本においてはコロナ禍以降、新興宗教の勧誘の動きが強まっているというニュースを見ました。

コロナ禍に入る前から、前述のようにマインドフルネスの実践を含め、内面への関心が高まってきており、それに加えてコロナの影響によって人とつながれないことへの不安が醸成されている社会状況を見た時に、護身術的にも、その状況を冷静に分析してみる必要があるのではないかと思います。

英国ケント大学宗教学教授ジェレミー・カレットは、〝Selling Spirituality: The Silent Takeover of Religion（『売られる霊性：静かに乗っ取られる宗教』、未邦訳）〟という書籍の中で、マインドフルネスなどの霊的実践（スピリチャルな実践）が、背後にある宗教的な説明などそっちのけで、現代社会の中でまるで「スーパーマーケット」のように手軽に誰にでも広く利用できるように展開されていることを批判しています。

もちろん、多くの一般人が、伝統的な宗教がこれまで公にしていなかった瞑想やヨガなどの霊性涵養技法に触れられるようになったことは意義のあることかもしれませんが、その現象を即座に喜ぶのではなく、そうした実践が消費される社会の有り様そのものを私たちはきちんと見据えなければなりません。さもなければ、チベット仏教行者で思想家のチョギャム・トゥルンパが提唱した「霊性の物質化（spiritual materialism）」という問題に巻き込まれてしまうことになるでしょう。

トゥルンパは、私たちが霊性に関する種々の実践を通じて、自らの霊性を育んでいるのではなく、自らの自己中心性、すなわち利己的な自己を強めてしまっているという罠について警鐘を鳴らしています。霊性の実践を自己中心性の強化のために活用してしまう傾向に対して、トゥルンパは「霊性の物質化」という言葉を当てました。

現代のマインドフルネスを含め、霊性に関する多くの実践が孕む危険性の1つは、その技術が欧米の大学で研究され、その成果が「科学的」と称する形で世に打ち出されていることです。

科学的にそれらの技術を研究することは意義を有するのですが、問題は、多くの人たちが「科学的」という言葉を盲信し、何の疑いもなしにその実践に飛びついてしまうことです。

古くは、フランスの思想家ルネ・ゲノンが100年近く前に、現代人が今見せているそのような態度を「スピリチャリズム」という形で批判をしていました。スピリチャリズムとは、「科学的」という言葉が新たな宗教的なドグマ(教義)となり、多くの人たちが「科学的」という言葉を安易に信じてしまう傾向のことを指します。

そうした傾向に加え、そもそも私たちの自意識としての自我(エゴ)はとても賢いという性質を持ちます。自我には、いかなるものも全て自分の生存と保全のために狡猾に活用するという性質があり、霊性に関する種々の実践もそのような形で利用されてしまう傾向があることにも注意が必要です。

ポストコロナの様相が見え始めている現在において、失われたつながりを回復するために、こうした霊性にまつわる実践がもてはやされたり、こうした実践を呼び水にする新興宗教も増えてきたりするでしょう。

霊性の実践を取り巻く社会状況にまで視野を広げながら、こうした実践を自我の肥大化のために用いるのではなく、真に霊性を開発していくために慎重に活用していく必要があるのではないかと思います。

前述のように、新自由主義的社会では、能力開発そのものがビジネスの対象とされ、私たちを成長に駆り立てる仕組みが溢れています。そして、私たちの自我の内側には、いかなるものも全て自分の生存と保全のために利用する傾向が潜んでいます。

さらに、コロナによってもたらされたつながりへの渇望と不当な新興宗教への勧誘のようにそれを悪用する社会状況が見られる中で、私たちは今一度、霊性にまつわる実践だけではなく、内面に関する実践の本来の意味を再考する必要があると思うのです。

本来、霊性に関する実践も、内面に関するその他の実践も、スイスの発達心理学者ジャン・ピアジェが述べているように、健全な自我の発達を後押しするものとして活用しなければならないのではないでしょうか。

健全な自我の発達とは、自己中心性の縮小なのであり、逆に言えば利他性の拡大です。それは、飽くなき形で自我を肥大化させ続けていくことでは決してありません。

現代の新自由主義的社会は、私たちを飽くなき成長に駆り立てますが、真に自我を発達させていくというのは、そうした成長衝動を対象化し、それを手放すことにあります。

それは何も成長を放棄するという意味ではなく、盲目的に成長に向かって邁進することをやめ、自分や社会の中で何の成長が本当に求められているのかを考え、「量的成長からの脱成長を通じた質的成長」の実現に向かって歩みを進めることを意味します。

これは時代の要請であり、私たちが一丸となってそれに取り組むことは急務なのではないかと思います。

やってみよう！　成長疲労への処方箋ワーク❷

今、ご自身が日々従事している学習や実践の中で、「自分の成長のため」と思って行っていることにはどのようなものがありますか？

資格取得に向けた勉強やスキルを高める実践は、人生のフェーズに応じて必要なこともあるかと思います。

しかしながら、それらの学習や実践が、単に自分の欲望や欲求を満たすためだけの利己的なものになっていないでしょうか？

私たち人間は欲望や欲求を持つ生き物なので、それらを持つことそのものが悪いことではありません。重要なことは、これまで自我を肥大化させる形で行っていた実践をより利他的なものにしていくことです。

成人発達理論では、「含んで超える」という重要な考え方があります。それは、私たちは過去の発達段階の肯定的な側面を含みながらも、過去の発達段階の限界を乗り越える形で新しい発達段階に到達するという考え方です。

自分の欲望や欲求を含んで超えながら、自身の学習や実践がより利他的なものになるためにはどのようなことが必要でしょうか？

1人でもこのワークは行えますが、ぜひ他者との対話を通じてこのワークに取り組んでみてください。

看板に偽りありの能力主義

現代を席巻する新自由主義的社会において、企業社会だけではなく、教育や医療の領域においても能力主義（meritocracy）という考え方が蔓延《はびこ》っています。

ハーバード大学教授マイケル・サンデルは、能力主義によってエリートはますます傲慢になり、非エリートとの格差の拡大を生んでいると指摘しています。

能力主義はもともと企業社会から出発した考え方であり、年功序列型の企業運営では国際競争に勝てないということを主たる理由に、個々人の能力を評価基準にして、能力がどれだけ発揮されたかを見て、賃金や昇格を決定していく考え方です。

能力主義は、個々人の能力がどれだけ発揮されたかを見るだけではなく、後にはどれだけ成果を出したかを見ていく成果主義とも結びついていきました。

確かに、企業に在籍している年数だけを基準に賃金や昇格を決めていくことは、能力のある若手の冷遇や不平等感の醸成につながるという問題がありながらも、現代においては、この能力主義が行き過ぎているところに問題があります。

年齢や在籍年数ではなく、その人の能力に注目したという点においては、能力主義というものにも部分的な価値があります。ゆえに、能力主義そのもの全てを批判するのではなく、現代の新自由主義と密接に関わる能力主義のどのような性質が、私たちの精神的な疲弊や病をもたらしているのかを見ていく必要があります。

本来の能力主義というのは、私たち個人が自由に能力を発揮し、それが正当に評価されることを前提にして提唱されたものでした。

しかし現代においては、ハンが指摘するように、「自由」という非常に聞こえの良い肯定的な言葉を餌に、つまり自由の名の下に私たちを成長や成果に駆り立てる巧妙な仕組みが出来上がっていることが問題です。

さらに、能力主義で発揮される能力が何を指すのかということも問題となります。**本来の能力主義が希求していたことは、人間の想像性や創造性が存分に発揮される形での能力であり、そして社会に資する能力の発揮であったはずです。しかし現代の能力主義においては、能力という言葉が指す意味はひどく矮小化され、効率性や生産性を向上させるための能力――あるいはカネを稼ぐための能力――というものにすり替わっています。**

そうした状況を鑑みると、現代の新自由主義が提唱する能力主義というのは、看板に偽りありだと言えるでしょう。

また、現代社会には看板に偽りありの主義や主張を含め、耳障りの良い肯定的な言葉の裏に、実は私たちを成長や成果に駆り立てているものがたくさん溢れていることにも注意しなければなりません。

社会全体としてさらに見過ごすことができない重要な問題として、教育哲学者のザカリー・スタインが〝Education in a Time Between Worlds（『来たる新たな世界に向けた教育』、未邦訳）〟という書籍の中で指摘しているように、本来、社会の舵取りをしていくはずのエリートの大部分が、権力を含め、自分の能力を利己的に用いることに躍起になっていることがあります。スタインは、「現代という時代が抱えるほぼ全ての危機は、教育の失敗による」と述べており、そもそも新自由主義的社会を提唱したのも、それを推し進めていったのも、社会のエリート層であったことを私たちは認識する必要があるでしょう。

そもそもエリートたちが自らの能力を利己的に活用してしまうことの背景には、能力というものが自らの所有物であるという錯覚があるように思えます。一見すると私たちの能力は、自ら育み、それを発揮しているのも自己という主体であり、能力を自らの所有物だと思ってしまうことも理解できないわけではありません。

しかし、能力というものが環境によって育まれるものであり、また他者の存在や能力を発揮するコンテクストが存在して初めて能力が立ち現れるということを見逃してはいけません。

言い換えれば、**能力というのは自分だけの所有物なのではなく、他者やコンテクストと共有しているという発想を持つことが大事であり、そうした発想がないと、自分の能力を自らの利己的な欲求を満たすために活用してしまうということが起きてしまいます。**

前述のように、実際にそれは社会の舵取りを担うエリートの大部分に顕著に現れている問題であり、その背後には、過度な能力主義や、共同体精神を崩壊させる新自由主義のあり方があるように思えます。

できないことの気づきが過度の成長から身を守る

新自由主義的社会が生み出した能力主義の横行は、企業人のみならず、子供たちを受験に駆り立てることにつながっていたり、医療の現場においては医療従事者の過剰労働による心身の疲弊につながっていたりすることはよく知られています。多くの現代人は、できることの尊さだけを強調する過度な能力主義社会によって疲労を蓄積させ、慢性的な疲労状態に陥っています。

こうした状況そのものも大きな問題なのですが、「できること」を過度に強調する社会の中では、何かができないことによる劣等感を持った人々を大量に生み出してしまうこともまた問題です。身体的・精神的な理由で、能力がうまく発揮できない人には落伍者のレッテルが貼られ、社会の中で居場所が得られにくい状況が生まれていることも見逃せない問題です。

すなわち、現代の過剰な能力主義は、社会自らがそうした劣等感を持つ人や落伍者を生み出す仕組みを作ってしまっているのです。

何かができることは確かに尊いことなのですが、何かができることだけを過度に奨励し、できることだけを評価基準にすることは、能力主義を核とする新自由主義と非常に相性が良く、それは何かができない落伍者を大量に生み出すばかりか、できる者はますます自分の能力を磨くことに躍起になり、その延長線上で燃え尽き症やうつ病を患ってしまう傾向を加速させてしまいます。

本来、能力というものは、ハーバード大学の発達心理学者ハワード・ガードナーが指摘するように、実に多様なものであって、能力の種類もさることながら、発揮のされ方も一人ひとりユニークなものです。

しかし、現代においては、とりわけ企業社会においては、企業が述べるところの成果である売り上げや利益をもたらす能力や、そうした成果に結びつく形での効率性や生産性をどれだけ高められるかの能力ばかりが評価されることも大きな問題です。

私たちの能力の成長は、本来、人と比べられるようなものではなく、そもそも本質的には他者と比較できないものです。拙著『成人発達理論による能力の成長』で紹介したように、能力の成長プロセスは人それぞれであり、その歩みの速度もまた人それぞれ違うのです。

そうであるにもかかわらず、私たちは他者との比較に常に晒され、企業が定義するところの成果や、効率性や生産性をもたらす画一的な能力の成長を強制されることが、精神的な疲弊をもたらすことは容易に想像されることです。

厄介なのは、明示的に能力の成長を強制されるだけではなく、暗黙的に、多くの現代人は自ら率先して、新自由主義的社会が成功だと定義する、かなり限定的な能力の成長に馬車馬のように自己を駆り立てて、最終的には心身を故障させてしまうことです。それこそ燃え尽き症の症状です。そうした状況に対抗するために、できることの尊さだけを問うのではなく、できないことの尊さを問うことは重要かと思います。

よくよく考えてみると、私たちはできることよりも、できないことのほうが圧倒的に多くあることがわかるのではないでしょうか。この認識を持つことが、過度な成長に自己を駆り立てることから身を守る処方箋の役割を果たします。

自己を客観的に見つめてみると、自分にできることなど実はさほど多くはなく、できないことのほうがたくさんあるからこそ、私たちは自分にできないことを他者に委託する形で互いに支え合い、社会生活を営んでいるのではないでしょうか。これは少し立ち止まって考えてみれば、当たり前のことです。

しかし、こうした当たり前のことに気づかなくなってしまっていることこそが、新自由主義的社会が生み出した能力主義の大きな問題でもあるのです。

できることだけに注目し、できないことに蓋をする形で、できることを躍起になって伸ばそうとするこの社会のあり方は、オーストリア出身の神学者かつ哲学者イヴァン・イリッチが述べるところの現代社会の「**隠れたカリキュラム**（hidden curriculum）」の1つになっています。

隠れたカリキュラムとは、目上の人には敬語を使うといったように、誰から教わるともなく身につけた、社会が暗黙のうちに良しとしている価値観や行動様式のことを指し、それを獲得することは学校や企業で無自覚的に強制されています。私たちが疲労困憊に陥らないようにするために、そして新自由主義的な能力主義の変革に向けて行うべきことは、こうした隠れたカリキュラムの存在に自覚的になることです。

できないことの尊さを自覚し始めると、自分にできないことができる他者を尊い存在だと思う感情の芽生えにつながり、支え合いというものが生まれる土壌を耕すことにつながってくるのではないかと思います。これは個人と社会の双方にとっての処方箋になります。

個人が利己的となり、自分の能力の成長や成果に躍起になる新自由主義的社会では、コミュニティーや大きな共同体が崩壊の危機に瀕しています。

そうした状況を打開するためには、できることだけに焦点を当てるのではなく、むしろできないことに焦点を当て、自分や他者のできないことを尊重し合いながら、助け合いの精神を醸成させていくことが重要なのではないかと思います。

やってみよう！ 成長疲労への処方箋ワーク❸

今、組織の中で働いているのであれば、上司・同僚・部下との協働の中で、自分にできることではなく、自分がしたくてもできないことにはどのようなことがあるかを考えてみてください。

ポイントは、自分がやりたくなくてできないことではなく、やりたいにもかかわらず自分の個性や能力としてできないことは何かを考えることです。

人は自分がやりたくてもできないことを他の人ができているのを見ると、嫉妬や不安など、実に様々な感情が浮かぶものです。

そうした感情を冷静に眺めながら、人と比較して嫉妬や不安の感情に苛まれるのではなく、そうした感情を受け入れながら、自分にできないことをリストアップしていきましょう。

ここでさらに重要なことは、自分にできないことのリストを眺めて卑屈になるのではなく、自分にできないことができる他者への尊敬の念を感じながら、自分にしかできないことを逆に見つけていくことです。

自分にできないことが何かを見ずして自分にできることは何かを単に探そうとすることは、真に成長を促してくれる健全な自己批判と自己尊重の感情がないままに、できることばかりを永遠に求めてしまうことにつながります。

ところが、自分にできないことは何かを真摯に探求した場合、健全な自己批判と自己尊重及び他者尊重に裏打ちされた、自分にしかできない唯一無二の事柄に気づくことをもたらしてくれる道が開かれます。

このワークは組織に属していなくても、家族それぞれとの関係性を考えながら行っていただくのでもいいですし、個人事業主の方の場合には、協働している方々との関係性を考えながら取り組んでいただくのでもいいでしょう。

非生産的・非パフォーマティブであることの価値

お前たち、なぜあの詩というものを学ばないのだ。詩は心をふるいたたせるものだ

孔子（中国の思想家）

幸福への憧れは、詩の中で満たされる

グスタフ・クリムト（オーストリアの画家）

かつて、全ての考えは詩人から始まった。詩人は想像力に拠る。卓越した想像力に拠って、詩人たちは人間について最も大切なことを教えていた

ジャンバッティスタ・ヴィーコ（イタリアの哲学者）

ハンが指摘するように、現代は過度な能力主義のもと、私たちを常に生産的であることやパフォーマティブであることに駆り立てます。そこでハンは、非生産的であることや非パフォーマティブであることの価値を問い直します。

例えば、ハンは詩の持つ非生産的・非パフォーマティブな性質に着目し、その価値を再考しています。新自由主義的社会においては、生産性や効率性の極大化を金科玉条とするため、コミュ

ニケーションで用いられる言葉は形式的なものになりがちです。そこでハンは、生産的であろうとすることを過剰に求め、パフォーマティブであろうとすることを過度に追求する現代のコミュニケーションスタイルにも問題意識を持っています。

詩というのは面白い性質を内包していて、意味を汲み取らせることをまるで拒否するかのように、容易にはその意味を開示してくれません。こうした言葉の用法は、企業社会の中では例を見出せないでしょう。なぜなら、誰でもすぐに意味が汲み取れるような言葉を用いなければ、企業社会では評価されないからです。

もちろん、これは企業社会だけに当てはまることではなく、現代の社会そのものが生産性とパフォーマンスを過度に追い求めているので、社会の隅々で見られる現象です。端的には、詩的な言葉が持つ深い意味や力が消失してしまったのが現代社会の言語的な特徴と言えるでしょう。

詩的な言葉が持つ意味や力は、ハンが指摘するように、官能的な美的感覚をもたらすことを考えてみると、言葉による官能的な美が消失してしまっているのが現代だと言えるように思えます。

現代は、言葉の字面ではなく、その言葉の奥にある深い意味を汲み取れない人が多くなり、その傾向は新自由主義的社会の進行に足並みを揃える形で加速度的に進行しています。

業務伝達的な形式的な言葉ではなく、言葉の深い力を備えた詩的な言葉こそ、言葉を通じた官能的な美の源泉なのです。よって、それを否定する社会というのは、美を否定する社会なのではないでしょうか。

かつて小説家の埴谷雄高《はにやゆたか》氏は、全ての人が詩人である社会を希求していました。確かに、それは実現が難しいことかもしれません。

しかし少なくとも、生産性やパフォーマンスと直結した業務伝達的な側面ではない言葉のより深い側面にも目を向け、それを大切にしていくことは、私たち一人ひとりの中にある美的感覚を目覚めさせ、それを涵養し、同時に、時代と格闘する方法でもあるのではないかと思います。

新自由主義的社会で機械化する言葉

杜撰な言葉は、杜撰な思考を招く

ジョージ・オーウェル（イギリスの作家）

私たちの成長と言葉の発達は密接に結びついています。それは古くは、発達心理学者のジャン・ピアジェも指摘していることであり、アメリカのプラグマティズム（実用主義）の始祖チャールズ・サンダース・パースも同様の指摘をしています。
それほどまでに、私たちがどのような言葉をどのように用いるのかというのは、私たちの成長と密接に結びついています。そのため、前述の内容を補足する意味で、もう一度言葉の大切さに目を向けたいと思います。

新自由主義的社会においては、私たちの言葉というものがますます機能的（functional）・機械的（mechanical）なものになり、単なる情報伝達のためのツールでしかありません。言葉が機械化されていく問題は、古くは、社会学者のマックス・ウェーバーや、本来は人間に解放をもたらすはずの理性がいつの間にか人間の可能性を抑圧する形で働き出すという「理性の道具化」を批判したフランクフルト学派の指摘ともつながってきます。

元来、人間の言葉には人を魅了するような蠱惑《こわく》的な力や、あるいは言霊《ことだま》信仰があるように、不思議な力が備わっていたのですが、新自由主義的社会において、言葉はますます機械的なものになり、言葉の魔力や魅力を排除する形で味気ないものになりつつあります。
新自由主義的社会においては、そうした力を失った機械的な言葉を使うことが強制され、そうした言葉に触れ続けることによって、私たちの実存性や霊性はますます貧困なものになっていきます。

また、言葉にはそもそも遊戯性が備わっていたことも見逃せません。前述の詩を含め、俳句や和歌なども、言葉の形や響きそのものを味わい、それを組み合わせて楽しむという側面があります。端的には、新自由主義的社会においては、遊びというものが直接的な生産に結びつかないゆえに、遊びは邪魔なものと見なされる傾向があります。

要約すると、現代社会では、言葉から蠱惑的な性質や遊び的な性質が失われ、ひどく機械的な言葉が横行しているのです。「言葉の乱れは心の乱れ」と言われるように、言葉が乱れると心が乱れ、それは社会の乱れとも密接につながっているのではないかと思います。

我が国には言葉には魂が宿るとする「言霊信仰」があり、言葉の力を大切にする文化があることを今一度思い起こし、日々の自分の言葉を見つめ直すことは、機械化する言葉が横行する新自由主義的社会に一石を投じることにつながるのではないかと思います。

少なくともそうした実践は、自らの実存性や霊性を守る護身術的な役割を果たしてくれると思います。

やってみよう！ 成長疲労への処方箋ワーク❹

日々皆さんが触れている、あるいは使っている言葉は機能的かつ機械的な言葉になっていませんか？

そこに血の通った実存性や生命力が感じられるでしょうか？

仕事上、機能的・機械的な言葉を使うことは仕方ない面もありますが、そうした言葉だけを使って日々生活をしていると、心が貧弱になる危険性があります。

心を癒し、心に養分を与えてくれるような言葉に触れてみることが今回のワークです。

例えば、ここ最近、あるいはこれまでの人生の中で、皆さんの心を打った詩（楽曲の歌詞を含む）にはどのようなものがあるでしょうか？

もし特に思いつくものがなければ、近くの書店に足を運び、まずは詩集コーナーを眺めてみてください。そこに置かれている詩集の背表紙を見て、何か響くものがあればそれを手に取りページをめくってみましょう。少しでも何か自分の心に訴えかけてくるものがあればその詩集を購入し、ゆっくりと時間をかけて1つ1つの言葉を味わってみましょう。

もし書店で良い詩集と出会うことができなかったのであれば、詩が好きそうな知人や友人に話を聞き、お勧めの詩人や詩集について尋ねてみましょう。

このワークを他者やグループで行う場合には、選んだ詩について、どのような箇所に感動したかをシェアしてみましょう。

そして、この現代社会において詩が果たす役割や意義についても語り合ってみましょう。

新自由主義における「起業家」の問題

新自由主義は、ビョンチョル・ハンが指摘するように、私たちを分断化させ、一人ひとりを「起業家（entrepreneur）」に仕立て上げていきます。「起業家」という言葉の語源は、フランス語の「entrepreneur」です。東西貿易が盛んだった13世紀に「entreprendre」（始める、企てる）という動詞から派生した言葉と言われています。

起業家と聞くと、何か会社を立ち上げる人のように想像されるかもしれませんが、ハンは起業家の言葉の語源に立ち返り、**何かを企てて活動に従事する人のことを「起業家」**と呼んでいます。その言葉の範囲は広く、端的には、新自由主義的社会で生きる誰しもが起業家であるとハンは述べます。

私たちは、このような大学に行きたい、このような会社に入りたい、このような地位にありたい、このような家に住みたいなど、様々な目標があり、その目標の達成に向かって多かれ少なかれ生きています。人間は何かしらの目標を持ち、その達成に向かって生きるという性質を内包しているので、目標を持つことそのものが問題なのではありません。ハンが問題視しているのは、新自由主義的社会においては、私たち一人ひとりが自己を解放する形での自由ではなく、「自己実現を果たす自由」や「自己成長を実現する自由」という甘い言葉に流される形で、自らを駆り立てながら自身の企ての遂行に躍起になっていることに盲目的なことです。

言い換えれば、私たちは、成果や成長を求め、絶えず自分をより良きものにしていこうとするプロジェクトに盲目的に参画させせられてしまっているのです。

さらには、私たちが掲げる目標や企てそのものが、新自由主義的な思想によって条件付けされていることに無自覚であることも大きな問題です。当人は自分の目標や企てを自分の意志に基づいた真正なものだと思っていても、蓋を開けてみると、新自由主義的社会が定義する成功や良き人生の物語に合致するものばかりを自分の目標や企てにしている場合がほとんどです。

そして人々は、自らの企てとしてのプロジェクトの遂行に躍起になり、自我をますます肥大化させながら、より一層共同体精神を崩壊させていき、自己の駆り立てと疲労への道を邁進する結果を招いています。

イギリスの批評家マーク・フィッシャーは、彼自身が重度のうつ病を患っていました。フィッシャーの問題意識の中で、自身のうつ病との格闘体験から、メンタルヘルスと新自由主義的資本主義のあり方に関するテーマは重要な位置を占めています。フィッシャーは、うつ病を含め、その他の精神病と新自由主義の密接なつながりについての重要な論考をいくつも残しています。その1つとして、ハンが指摘する誰もが起業家であることを奨励する社会のあり方と関連する問題を取り上げてみたいと思います。

ハンが述べるように、私たちは何かしらの観点で起業家の性質（事業を立ち上げるという性質）を持っていて、そこでは自助努力と自律性が強調されます。

そして前述のように、自らが企てたプロジェクトは、ほぼほぼ自己に付帯する様々な条件付けによってもたらされたものであり、人々はそれに無自覚なまま、プロジェクトの達成に向けて邁進します。

ここで見逃すことができないのは、新自由主義における誰しもを起業家と見なす社会においては、自主自律の精神を尊び、仮にプロジェクトの遂行の中で壁に突き当たったり、行き詰まったりした場合には、全て自主自律と自己責任という名の下に、助けが得られない場合がほとんどであるということです。

ローマ・カトリック神学者のユン・モウ・ソン（Jung Mo Sung）は、現代資本主義の原理の中に、神学における懲罰的な考え方を見て取っています。

すなわち、まるで悪行に対する当然の報いであるかのように、貧しい者は懲罰として貧しくなっているのだという考え方や、能力を発揮していない人や成果を出していない人に対して、そのような状況に置かれているのは自助努力の不足による当然な懲罰であるかのように見なしている社会のあり方をソンは問題視しています。

ユン・モウ・ソンの指摘に加えて見過ごせないのは、新自由主義におけるゲームの勝者だけが存在価値があるのだと信じ込まされていて、勝者になることに躍起になり、勝者に向かう過程で落伍したり、ひとたび勝者になれなかったりすれば、存在価値が否定されたかのような強い自責の念がもたらされることです。そうしたプロセスの中で、起業家としての現代人はますます疲弊し、ますます病んでいきます。

それに加えて、新自由主義的社会の中では、メンタルヘルスそのものが国から手厚い保障が得られる対象ではなくなってきており、市場原理に委ねられた民営化の波に晒されていることをフィッシャーは問題視しています。

そこでは、患者の病気を根本的に治癒するのではなく、表面的な処方を通じて、慢性的な病気の状態がマネーを生み出し続けるような構造が存在しています。

問題の根本ではなく、表面的な治癒をもって患者を再び現実世界に送り返す構造は、何もメンタルヘルスの世界に限りません。

例えば、組織開発コンサルティングにおいても、そこでは患者としてのクライアント企業が、疲弊して故障した機械として病院にやって来たと想像してみると、病院では壊れた箇所だけ直し、その機械がどういった理由や要因で故障したかは一切気に留めず、故障が直ったら即座に元いた世界に機械を送り返すという構造が存在しています。

当然ながら、コーチやセラピストといった対人支援者や、組織開発コンサルタントといった人たちは、善意で仕事に従事し、クライアントの課題解決に向けて尽力をしているのですが、クライアントの課題の先にある社会の構造的な病には無自覚であることが多いのです。

病院に駆け込み、表面的な助けが得られたらまだ救いかもしれませんが、自助努力と自己責任を押し付ける新自由主義的社会の中では、他者に助けを求めること自体が弱さや無能さ、そして失敗者の証のように思わされていることは見過ごすことのできない問題かと思います。

健康も成功も、そして成長も、およそ社会の全ての事柄において、自助努力と自己責任が強調・強要されるというのは、まさに疲労社会の温床的構造となっています。

自己搾取的主従関係の中で疲弊する現代人

ハンの指摘としてその他に重要なのは、**私たちは新自由主義的社会の中で、自らのエネルギーや時間を搾取されている奴隷であるばかりではなく、自らのエネルギーや時間を搾取する主人でもあるという二重構造を持っている**という指摘です。

端的には、誰か別の人や組織といった外部の主人に奉仕するのではなく、自らが自分をマネジメントする主人であり、同時に自己は自分によってマネジメントされる奴隷でもあるという二役を担いながらエネルギーと時間の自己搾取を続けているのが現代人の特徴です。

その構造が見えにくい1つの理由は、ハンがよく引き合いに出すフランスの思想家ミシェル・フーコーが述べるような物理的に罰や苦を与えるような形ではなく、「できる」ことを強調し、肯定感情をもとにした新自由主義的社会の特性にあります。

罰を与える人が目の前にいて、実際に鞭で身体を叩くというようなわかりやすい形での調教はもはや現代社会では稀であり、それに取って代わる形で、例えば「成長することは良いことだ」という目には見えない肯定的な感情を動機付けにして、自らが自分の主人でもあり、奴隷でもあるという構造を生み出しているのです。これは、新自由主義的社会にとって最も効率良く生産性を高めていくことにつながります。

人は誰しも、嫌々何かを行うと、必然的に生産性は低くなるのですが、その活動が自分の成長につながっていると感じたり、成果につながっていると感じたりすると、生産性は自ずと高まります。

効率性と生産性の最大化を目的とする新自由主義においては、最も効率良く人間を生産に駆り立てる方法として、フーコー的な調教型のアプローチではなく、肯定感情を味わわせながら、自らが自分をマネジメントする主人でもあり、同時に自己は自分によってマネジメントされる奴隷でもあるという巧妙なアプローチを採用して、私たちを飽くなき生産に駆り立て続けるのです。

自らが自らのエネルギーや時間を搾取しているという構造が見えにくいために、人々は自己搾取的主従関係の構造から逃れることができず、自己を駆り立てながら疲弊の道を邁進していくことになります。その結果として、多くの人たちが種々の精神病を患ってしまうということをもたらします。

このような構造に気づくだけでも解放への一歩かと思いますので、**ここで私たちは一度立ち止**

まり、自らが自らの主人として自分を傷つけていないかどうかを内省してみることを勧めます。

「人間疎外」に対するビョンチョル・ハンの洞察

現代を席巻する新自由主義的社会は、ハンの指摘するように、抑圧や調教をベースにして運営されているというよりもむしろ、自己実現や自己最適化を謳う形で運営されています。ここでも、自己実現や自己最適化というのは聞こえの良い肯定的な意味を想起させる言葉であることに自覚的になる必要があるでしょう。

自己実現や自己最適化を謳う言説や実践に遭遇したら、一度冷静になって立ち止まることは、それらの言説や実践に絡めとられてしまうことを防ぐ処方箋になります。

資本主義の問題を深く分析したカール・マルクスは、労働の成果から主体が疎外される問題を取り上げていました。確かに、新自由主義的社会においても、人間はまるで複雑な社会の中の機械を構成する1つの部品であるかのように、人間らしさが失われ、人間疎外が起きているというのは確かでしょう。

しかしハンは、新自由主義的社会においては、自由や自己実現の名の下に、労働は主体と強く結びつき、私たちは労働の奴隷であるばかりではなく、自己を生産に駆り立てる主人でもあることを指摘しています。むしろその結びつきがあまりに強固であるがゆえに、私たちはその状態を客体化することが難しく、無限に成果を求めて働き続けるということが起こっています。

また、労働が生の目的ではなく手段となり、人間らしい生活を送るための手段が労働以外に求められるという意味でのマルクスが指摘する自己疎外も生じているようには見られません。なぜなら、新自由主義的社会においては、むしろ労働が成果や達成という意味での生の目的になってしまっており、労働以外の場に生の意味を求めることが非常に少なくなっているからです。

金銭に直接換算できないような活動にどれだけ従事しているか、自分の人生の意味を見出すものが労働以外にどのようなものがあるかを考えてみることは、自己を機械のように際限なく働かせることから脱却するための処方箋になるのではないかと思います。

成長欲求と能力主義・達成主義が煽る欲望の肥大化

ミシェル・フーコーが分析していた新自由主義の誕生以前の管理社会においては、文字通り身体的な拘束を含め、物理的な制限や抑圧、そして痛みなどを与える形で人間をコントロールしていました。

ところが、現代の新自由主義的社会においては、人間をコントロールする対象は身体というよりも人の心であり、心の内側の欲望を刺激する形で、巧妙な管理が実現されています。そこでは例えば、ソーシャルメディアにおける「いいね！」を求めるような心の特性を突いた形で管理システムが構築されます。

他者から単に承認を求めるというのは劣等感や不安感の埋め合わせの側面が強く、そうした感情を手っ取り早く満たしてくれるのが「いいね！」のボタンに代表される仕組みであり、そうした承認を得ることは当人にとって気持ちの良いことでもあるので、肯定的な感情をもたらす形で人間を管理下に置くシステムが巧妙に出来上がっています。

端的には、一昔前の管理社会においては、身体的な拘束や暴力を通じた「鞭」による人間の統治がなされていたのに対し、現代の管理社会においては、私たちの欲望が表面的に満たされる「飴」による人間の統治が進行しているのです。

現代は、前述のソーシャルメディアを含め、テクノロジーが私たちの生活の遍くところに浸透しており、また管理の対象も肉体ではなく、心であるゆえに、場所の制限の影響を受けることなく、新自由主義的社会は、とても効率的かつ広範に人々を管理下に置きます。

それに加えて、欲望を抑圧する一昔前の管理社会とは異なり、現代の管理社会は、巧みに欲望を刺激し、増大させる仕組みを持っています。

私たちの欲望には際限がなく、とりわけ成長欲求というのは、人間の成長には終わりがないという性質上、無限に追い求められがちであり、そうした成長欲求と能力主義的・達成主義的社会の煽りが組み合わされる形で、私たちは常に欲望を拡張させ、自我をますます肥大化させていきます。

本来、人間の成長とは、ジャン・ピアジェが指摘するように、自我の縮小過程を辿り、より利他的な存在になっていくことを指します。

ところが、現代の欲望刺激型社会の中では、自我は縮小するどころか、ますます肥大化していきます。

新自由主義的な現代社会は、個人の成長を煽りながらも、皮肉にもその仕組みとして、個人をより利己的な存在に導き、成長を押し留めているのです。

やってみよう！ 成長疲労への処方箋ワーク❺

もし何かSNSを毎日使っているのであれば、実験として、丸一日SNSを全く使わない生活をしてみましょう。

これまで毎日SNSに触れることによって、「いいね！」を求めようとしていた自分や、他者の投稿が気になっている自分を一度脇に置いてみて、デジタルデトックスを行ってみましょう。

もしSNSを何も使っていなければ、丸一日メールを見ることをやめてみましょう。

このワークを行ってみて、どのような気づきや発見があったでしょうか？

SNSを使わないことやメールを全く見ないことによって、どのような気持ちや感覚になったでしょうか？

余裕があれば、そこで生じた気持ちや感覚を身近な人にシェアしてみましょう。

このワークの狙いは、SNSやメールを見てしまう自分の心の特性に気づくことであり、過度な情報刺激から距離を取ることによって、もう一度自分らしい感覚や感性を取り戻すことにあります。
このワークの副産物として、もしかしたらリアルな場での人とのつながりに対する見方が変わったり、自然とのつながりに対する感覚が変わったりするかもしれません。

「癒し」も搾取の道具になる

新自由主義的社会は、私たちが幸福に生きていくためになくてはならない貴重な時間やエネルギーを巧妙に搾取します。より厳密には、前述のマインドフルネスやヨガの実践、そして各種のエクササイズを取り巻く現状、さらには新自由主義の横行による孤独死などに見られる共同体の崩壊の例などを考えてみると、ウェルビーイングという肉体的・精神的・社会的な幸福さえもが搾取の対象になっていることに注意をしなければなりません。

今から、その他の重要な具体例をいくつか見ていき、それらの現象に対して自覚的になることによって、少しでも真の幸福につながる道を歩んでいただければと思います。

本来、自己の治癒と社会の治癒は表裏一体のものであり、不二であるはずです。すなわち、自分だけが癒されるというのは非常に利己的な癒しであり、実際のところは、社会が癒され、健全になっていかなければ、本当の意味での自己の癒しは実現されないはずです。

ハンは、新自由主義的社会においては、ヒーリングなどの癒しのサービスまでもが自己をさらなる成長に駆り立てる搾取の対象になっていると指摘します。過度な能力主義と達成主義に特徴づけられたラットレースの中で、人々は四六時中疾走させられ、ひとたび疲弊したら癒しを求める——あるいは外部から癒しが与えられる——というサイクルが見られます。

しかしこの癒しもまた、より生産的・効率的に私たちを働かせるための道具にすり替えられており、根本的な治癒ではないのです。根本的な治癒は、私たちがラットレースから抜け出るための手助けをしてくれるはずですが、新自由主義的社会における癒しのほとんどは、私たちがどのような精神風土や仕組みによって疲弊しているのかには目もくれず、目の前の人がまた元気になって生産的・効率的に働けるように促すものに留まります。

ハンが指摘するように、現代社会においては、癒しという肯定的なものがさらなる搾取の道具にすり替わってしまっているのです。

より効率的・生産的に働くために消費される休息・休暇

新自由主義的資本主義は、生産につながらないことを極度に嫌います。逆に、さらなる生産につながるような形で、癒しや、休息、休暇などの実に様々なものを取り込んでいきます。前述の癒しと同じく、現代においては休息や休暇、さらには睡眠までもが搾取の道具になっています。資本主義における資本は、四六時中休みなく動き続けます。動くことによって自己増殖をしていき、休みなく動くことが資本の本質です。それに対して、心身のエネルギーも時間も有限である私たちは、休みなく働き続けることは不可能です。

ところが現代においては、休息や休暇そのものが消費や搾取の温床になっており、休息や休暇の先にあるのは、より効率的・生産的な労働であることがほとんどです。

本来、休息や休暇は、それとして完結する意義や価値を持っていたはずであり、それそのものとして楽しむものだったはずなのですが、現代ではそうした特性は完全に骨抜きにされ、より効率的・生産的に働くために休息や休暇があるような状況になっています。

これはよくよく考えてみれば今に始まったことではなく、ピラミッドを効率的に作るために、奴隷に休息が与えられていたのと同じなのかもしれません。

しかし現代は、前述の通り、自らが自己をマネジメントする主人であり、自らによってマネジメントされる奴隷でもあるという構造上、奴隷の主人が奴隷に休息を与えるという形ではなく、自らが自らに慰めの休息を与えるという構造があります。

そこでは、一見すると自由に自分で休息を取れていると思い込むのですが、その休息の先には何があるのかについては無自覚な場合がほとんどです。新自由主義的社会における主従一致の搾取構造の中では、休息の本来の意味が見えにくくなっていて、自由の名の下に取った休息が実は自分をさらなる搾取に駆り立てていることに気づきにくくしているのではないかと思います。

そのような観点をもとに、今一度、自らの休息と休暇の意味を問うことは重要な処方箋になるでしょう。

やってみよう! **成長疲労への処方箋ワーク❻**

現在（2023年）、私はオランダに住んでいます。オランダでの生活も7年を超え、日々の生活リズムはオランダ人と同じようにゆったりとしています。ここで注目するべきことは、オランダ人の休息や休暇に対する意味付けです。

その意味付けはもちろん、教育や文化や制度によって左右されるものですが、オランダ人の多くは自らの人生をどのように過ごしていきたいのかという自分なりの考えがあり、それに基づいて休息や休暇をきちんと取っているという印象があります。

今回のワークは、「自分にとって休息や休暇の意味は何か？」という問いと向き合っていただくことです。休息や休暇を取れない理由はもちろん様々でしょうが、ひとつ決定的に重要な原因として、自分なりの休息観・休暇観が欠落しているということがあるように思います。

ここで立ち止まり、「自分にとって休息（休暇）とは～である」という定義と、「自分にとって休息（休暇）は～のためにある」という目的・役割を明確なものにしてみましょう。定義と目的・役割が明確なものになれば、より積極的に休息や休暇が取れるようになり、より充実した日々を過ごすことができるのではないかと思います。

ただしくれぐれも、休息や休暇の目的・役割を仕事の生産性を高めるためや効率性を高めるためといったものにしないように注意してください。

そうした目的・役割は、新自由主義的社会のものの見方の範疇に留まったものであり、重要なのはそうしたものの見方から脱却し、自分を真に解放してくれる休息と休暇を積極的に取ることです。

遊びも生産のための補助道具

私たちは年老いたから遊ぶのをやめてしまったのではなく、遊ぶのをやめてしまったから年老いてしまったのだ

ジョージ・バーナード・ショー（アイルランドの文学者・脚本家）

オランダの歴史家ヨハン・ホイジンガは「人間は遊ぶ生き物である」と述べました。前述の、言葉の遊戯性のところでも触れたように、言葉以外においても遊びは人生を豊かにする意味で不可欠です。ところが、現代の新自由主義的社会においては、その遊びまでもが搾取の対象になっています。

例えば、シリコンバレー企業には遊びの場が会社の中に用意されていますが、それは何のため

でしょうか。もちろん様々な目的があるかと思いますが、主たる目的は、従業員に休息を与え、遊びに従事することによって、想像性や創造性を広げてもらい、より生産的・効率的に働いてもらうことなのではないでしょうか。そこでは結局のところ、遊びまでもがさらなる生産を助長するための補助道具になっているのです。

生産から離れ、自己を解放するという意味を持っていたはずの遊びの本質が骨抜きにされ、ハンが指摘するように、現代は「ゲーミフィケーション」という名の下に、学習の中に遊びの要素が表面的に導入され、遊びそのものが搾取され、その価値と意義が歪められてしまっています。

ホイジンガが述べるように、私たちは本質的に、遊びを遊びとして楽しむ遊戯人としての性質を持っていますが、現代社会では遊びを遊びとして楽しむことは難しくなっています。その背後には、遊びの先に絶えず生産性や効率性を置こうとする新自由主義的な精神があります。

そうした状況を鑑みて、遊びまでもがエネルギーや時間などを搾取する対象になっていることに自覚的になり、世の中で遊びやゲーミフィケーションの言葉を表に出しているプロダクトやサービスの背後にそうした搾取がないかを絶えず内省することが重要かと思います。

さもなければ、遊びやゲーミフィケーションという言葉も肯定性を帯びたものであるがゆえに、私たちが本来遊びそのものとして楽しむべき遊びは簡単にそれらの言葉によって搾取されてしまい、本来私たちの人生を豊かにする遊びの価値変質を助長してしまうことにもなるでしょう。

コラム2

ポストコンベンショナルな思考のススメ

あなたはひょっとしたら違うものを見る必要はないかもしれない。物事をこれまでとは違ったように見る必要があるかもしれない

チベット仏教の教え

前述のロバート・キーガンを含め、過去から現在にかけて、成人発達理論の重要な研究者は数多く存在していますが、彼らの理論に共通しているのは、私たち成人が健全に発達を遂げていけば、ある共通した思考のあり方を体現すると主張していることです。

それは、「ポストコンベンショナルな思考（post-conventional thinking）」と呼ばれる思考方法です。そして、この思考方法が芽生える前の段階の思考方法として、「コンベンショナルな思考（conventional thinking）」というものがあります。conventionalとは「型にはまった」とか「慣例的な」などと訳されますが、これは端的には、社会の規範に則った思考のあり方のことを指します。

例えば、「法律ではこうなっているから、～だ」「うちの会社の決まりはこうだから、～だ」

といったように、自分の内側に判断基準というものが無く、判断基準が全て外部に委ねられているような思考がコンベンショナルな思考です。

人間の発達は、「超えて含む（transcend and include）」という原理があり、以前の発達段階の限界を超えながらも、同時に以前の段階の価値を含んで次の発達段階に到達するという特徴があります。ゆえに、コンベンショナルな思考そのものを全否定してはならないのです。なぜなら、私たちが円滑な社会生活を送る上で、社会の決まりを守ることは大切であり、それをしなければ社会が荒れてしまう危険性があるからです。

ですが、いくつかの実証研究から明らかになっているように、成人のほとんどはコンベンショナルな思考をする段階に留まっています。コンベンショナルな思考では、自分がどのようなルールに縛られているのか、あるいは自分がどのようなゲームの世界の中で生きているのかを対象化することができません。端的に言えば、映画『マトリックス』の中で描かれているように、社会によって作られた価値観や仕組みに無自覚なマトリックス世界の住人として生きているのがコンベンショナルな思考をするほとんどの成人なのです。

一方で、その段階を超えて、社会に流布する価値観や仕組みを客体化し、自己の判断基準を持つ「ポストコンベンショナルな思考」を体得した人は、この世界を動かしているルール

やシステムの存在に自覚的になります。

例えば、これまで言及してきたような、聞こえの良い言葉や実践の背後にあるものにすぐに気づけるというのは、ポストコンベンショナルな思考を発揮している具体例になります。

昨今話題の「心理的安全性」や「レジリエンス」という言葉を例に取り、それらをポストコンベンショナルな思考を用いて眺めてみると、どのようなことが言えるでしょうか。

まず、その前の段階にあるコンベンショナルな思考の場合、心理的安全性やレジリエンスという肯定性を帯びた言葉にすぐに飛びつき、「我が社も心理的安全性を確保しなければいけない」「レジリエンスを高めることは良いことだ」とすぐに考えてしまいます。

確かに、心理的安全性やレジリエンスという概念にも重要な価値があるのですが、重要なことは、それらの概念が生み出された社会状況をまずは冷静に眺めてみることです。ポストコンベンショナルな思考を体現している人は、安易にそうした言葉に飛びつくのではなく、まさにそうした言葉を取り巻く社会の構造的な問題に真っ先に思考のベクトルを向けます。

例えば、「心理的安全性を確保するよりも先に、心理的安全性を確保しなければいけない我が社の本当の問題はなんだろうか？」という問いや、「レジリエンスを高めなければやっていけない社会は、どこかおかしいのではないだろうか？」という問いをまず思い浮かべるということです。

ポストコンベンショナルな思考は、新自由主義的社会の様々な問題を治癒・変容するために不可欠な思考様式だと思いますので、もう少し別の角度から取り上げていきます。

現代社会は、真実を歪めて伝えるだけではなく、コインの一面だけしか見せないことがあります。社会から差し出された面だけしか見ないのがコンベンショナルな思考の典型です。

一方で、差し出されたコインの裏をさっと見ることができるようなあり方がポストコンベンショナルな思考の特徴になります。神道家の川面凡児《かわつらぼんじ》の言葉を借りると、物事の表の面を見る「表観《ひょうかん》」だけではなく、物事の裏の面を見るという「裏観《りかん》」が表裏同時に行えるのがポストコンベンショナルな思考の不可欠な要素になります。

例えば、「70歳まで働ける社会を実現する」という政策は聞こえはいいのですが、まさにハンが指摘しているように、それは肯定性に彩られた言説であり、コインの裏から見れば、70歳まで働くことができなければあとは自己責任という新自由主義的な主張が背後に巧妙に隠されているようにも聞こえます。

また、裏観をさらに進めると、70歳まで働くことが良しとされる社会の中で、何らかの理由で70歳まで働けない人は異端者扱いを受け、無能な人間や失敗者の烙印を押され、社会の周辺に追いやられる光景がすぐに脳裏に浮かびます。そして、そうしたことを生み出す社会構造は一体何なのだろうかと考えるに至るのです。

大抵の人は、この社会が達成主義・能力主義社会であるがゆえに、70歳まで「働ける」という「〜できる（can）」という言葉の響きに吸い寄せられ、70歳まで働ける社会が本当はどのような特徴を持った社会なのかというところには思考が及ばないのです。

逆に言えば、70歳まで働くことを良しとする社会の実態や有り様まで思考が及ぶのであれば、それはポストコンベンショナルな思考の現れかと思います。

最後に、経済地理学者のデイヴィッド・ハーヴェイの重要な指摘を見ていきます。

ハーヴェイは、グローバル戦略コンサルティングファームのマッキンゼーを例に出しながら、マッキンゼーを含めた大手のコンサルティング会社が提供する問題解決案は結局のところ、新自由主義という物語の中での対症療法的なレシピに過ぎないと指摘しています。

そうしたコンサルティング会社の人たちは、彼らが行っていることは根本的な問題解決と述べるでしょうが、ポストコンベンショナルな思考を用いて眺めてみれば、彼らは結局のところ、新自由主義の世界で起こっている問題の根本を治癒・解決しているというよりも、そうした問題を生み出している虚構の物語や大きな構造を温存したまま、非常に表層的な問題解決に従事していることに気づくでしょう。

彼らの問題分析や解決策は一見すると精緻に見えるのですが、それらがいくら精密なものであったとしても、問題を本質的に生み出している物語や大きな構造になんらの働きかけもしていないという点において、彼らの行っていることはポストコンベンショナルな思考に基づく問題解決ではなく、依然としてコンベンショナルな思考に基づく問題解決なのです。

1つ注意事項としては、彼らが発揮している合理的な知性は確かに優れたものであり、その知性そのものを否定しているわけではないということです。むしろ社会には、合理的な知性によって解決できる問題がたくさんあるのです。

問題なのは、世間で優秀だともてはやされる知的エリートが発揮している知性が、結局のところコンベンショナルな思考の域を出ておらず、社会の種々の大きな問題が依然として未解決なまま温存されているということです。

言い換えると、彼らは与えられた問題に対しては優れた分析やその問題そのものを解決する優れた解決策を出すことができるのですが、与えられた問題がいったいどこからやって来たのか——その問題がどのような時代精神や社会構造によって生み出されたのか——というところにまでは思考の範囲を広げることができず、非常に狭い視野でミクロな問題解決を行っているということです。

第2章

成長疲労社会からの脱却

キリストは「間《あわい》」に生きている

フリードリヒ・ベネシュ（ドイツの神学者）

嗜好的生き物としての人間を取り戻す

ハンは、新自由主義的社会に埋没するのではなく、人間は嗜好的生き物であることを思い出す必要があると指摘しています。

ここでの「嗜好的」とは、自己を解放し、自己を真に充足させる類の贅沢な嗜みのことを指します。

それは必要性から少し逸脱した余分のようなものであり、こうした余分、あるいは間《あわい》こそが私たちの生活を豊かにしてくれるのです。

例えば、雲の流れる様子をのんびりと眺めるというのは、別に生きていくために絶対に必要なわけではありません。

しかし、そうした余分な行為が心を落ち着かせたり、心を休ませたりすることにつながり、人生を豊かにしてくれる側面があることを見逃してはならないように思います。

そもそもそうした行為は生産・消費活動とは異質のものであり、水や空気のように遍満する生産・消費活動を煽る時代の条件付けから私たちを守ってくれる非常に重要な処方箋の役割を果たします。本来は、こうした余分的ないしは余暇的な活動も日常生活に溶け込んでいたはずなのですが、現代においては、それを時代の条件付けへの対抗手段として行っていく必要があるというのは残念なことでもあります。

ですが、そうした実践を続けていけば、徐々に余暇的な時間の中で嗜好的活動に十全に従事できるようになっていくのではないかと思います。

コラム3

無為を無為のままに楽しむ

絶えず流れ込む川の水を受け入れ、満たされながら、海は全く揺らぐことはない

バガヴァットギーター第2章70節

現代人はものごとを急いでしないと、何か時間を損したような気持ちになる。しかし、時間つぶし以外には、浮かせた時間をどう使っていいのかはわからないのである

エリック・フロム（ドイツの哲学者・精神分析家）

オランダの筆者の住まいの近くの公園はいつも、人々が思い思いのままに過ごせる憩いの空間として存在しています。その姿を見るだけで、こちらも心が穏やかになります。

ハンも指摘している考えですが、何かを目的として、特に生産を目的として休暇を取るのではなく、純粋に休むことを楽しむために休めばいいという発想でオランダ人は生きているかのようです。

現代においては、休暇や休息までもが生産性や効率性を高めることを目的にしがちであるため、なおさら本来の休暇や休息の意味や意義を考え直すことは重要かと思います。

「無為を無為のままに楽しむ」という精神を忘れていないかどうかを今一度確認し、何かに駆り立てられて行動するのではなく、立ち止まることの楽しさや味わいを取り戻したいものです。

何かを目的に休むのではなく、休むことを純粋に楽しむために休んでみたり、無為を無為のままに楽しむために自然や公園に出かけてみたりするなど、今日から明日から取り入れてみたい実践をなんでもいいので1つ考えてみてください。

新自由主義的社会の中で失われていく聖なるもの

新自由主義が横行する現代社会においては、全ての時間が労働時間に紐づく形で、時間が忙《せわ》しなく流れています。

前述の通り、余暇でさえも、より効率的で、より生産的な労働を見据えたものになってしまっていて、余暇を余暇そのものとして楽しむというよりも、余暇でさえもが効率的・生産的に過ごすべきものになってしまっています。

ハンもまた、現代の時間は全て労働時間と紐づく形で搾取されていると指摘し、そこには非日常を感じさせてくれる祭りの時間というものが消失していると説きます。

確かに現代においても、祭りというイベントは存在していますが――広義にはオリンピックのようなものも含む――、かつての豊かな祭りの時間を感じることは難しくなってきていますし、非日常感を感じさせてくれる祭りは減少の一途を辿っています。

端的には、祭りそのものが資本主義の商品やサービスの対象になってしまっているだけではなく、祭りを通じた非日常意識による心身の回復もまた、その先にある効率的・生産的な労働のためのものになってしまっている場合がほとんどです。

ハンが指摘するように、新自由主義は一見すると意味を見出しにくい宗教的な儀式や芸事における儀式を嫌います。儀式の意味や価値を認識できないだけではなく、儀式というものが新自由主義にとってみれば形骸化したものに映り、効率性を妨げるものに過ぎないと見なしているからです。

祭りというのも本来は儀式的なものであり、儀式の手順を踏むがゆえに、私たちを非日常的な世界にいざなってくれる働きをするのです。

カナダの政治哲学者チャールズ・テイラーが指摘するように、現代社会は世俗化の一途を辿っていきます。現代社会からどんどん聖なるものが失われていき、聖なるものを感じる感性も劣化し、聖なるものと触れる機会も消失の一途を辿っています。

本来、祭りは世俗的な労働の時間とは一線を画す聖なる時間に包まれたものだったのですが、現代においては、祭りの聖性が毀損され、祭りが世俗的な労働に内包されるものになってしまいました。

すなわち、祭りの背後には絶えず生産的・効率的に私たちを働かせようとする資本主義の発想やサービスなどが存在しているということです。

社会と私たち個人は入れ子の関係になっているがゆえに、社会から聖なるものが失われていくというのは、自分の中にある聖なるものを喪失していくことでもあるのではないでしょうか。

新自由主義的社会の中で画一化する時間

私たちは心の鼓動で時を計る

作者不明

古代ギリシャの哲学者プロティノスはかつて、「時間は魂の進行と共に歩むものである」と述べました。また、「ひとたび時間が物質のように扱われ、断片的なものになってしまうと、時の豊かさは喪失される」とも指摘していました。

現代社会において、時間は機械的に管理されるものとなり、自分固有の豊かな時間を感じることが難しいという時間の画一化という現象が起こっています。

現代においては、個人の時間に関する権利としての「時間権」なるものは存在しないのですが、そうした権利を主張する必要性があるほどに、個人の固有の時間を守り、それを育むことは難しくなっています。それぐらいに、新自由主義による時間の管理と画一化が進行しているのです。

そうした状況を鑑みた時に、私たちが個人としてまずできることとして、かろうじて現存している画一化されていない豊かな時間の層にアクセスすることなどがあるでしょう。

例えば、自然と触れ合うことであったり、音楽や美術などの固有の時間を持つ芸術鑑賞や作品をつくる芸術実践に打ち込んだりすることなどが挙げられます。

また、優れた文学作品にも固有の豊かな時間があり、作品が持つそうした時間を味わうことも大切な実践になるでしょう。

最近流行のワーケーションは、労働一辺倒の働き方から自分を解放する上では好ましいですが、そこでもまたついつい働きすぎてしまうという現象が見られたり、仕事のことが頭にあると、深く寛いだりすることが難しい場合があります。

そのため、生産・消費や資本増大に直接結びつかないような実践の内側に流れている時間を体験していくことを推奨したいと思います。それを行うことは、画一化された時間へ飲み込まれないようにするための優れた処方箋になるでしょう。

風に揺られる木々を眺めることや、青空をゆっくりと進んでいく雲の動きを眺めることも、そこに流れている固有の時間を感じることにつながるのではないかと思います。

非日常的な時間を感じさせてくれる旅

本当の発見の旅とは、新しい風景を見ることではなく、新しい目を持つことにある
マルセル・プルースト（フランスの小説家）

旅愁とか旅情とか、全て旅をしている感じを指すものは、こうしてある場所に自分を見出すことから発している
吉田健一（批評家・小説家）

前述の祭りを含め、固有の時間を感じる実践以外にも、旅というのもまた非日常的な時間を感じさせてくれる素晴らしい機会を私たちに提供してくれます。

現代の時間は、加速する自動化の流れによって、ますます画一化されてしまい、事物と時間の結びつきが極度に崩壊してしまっている点に問題の1つを見出せます。

例えば、かつて人間は季節の移ろいや植物の生育のプロセスによって時間を計っていました。ところが、現代人は季節の移ろいなどといった具体的な事物と時間を結びつける習慣を失う生活を続けてきたことで、それぞれの事物に固有の時間を感じる機会を喪失してしまっています。

そうなってくると、例えばマインドフルネスの実践が大切にする「今ここ」という感覚も現代人にとっては捉えがたいものになっているのではないかと思います。

つまり、現代においては時間が機械的に管理され、自分固有の時間というものが何かを掴みづらいため、今この瞬間の自分の時間というものが何なのかを感覚として捉えることができなくなっているのではないでしょうか。

マインドフルネスの実践では、「今この瞬間」に意識を向けることを促されます。しかし、今この瞬間に意識を集中しようと思っても、すぐに今ではないどこかに意識が向かってしまうということをよく聞きます。そうした人たちは往々にして、将来に対するえもいわれぬ捉え所のない不安を感じていて、不安に縁取られた未来に意識がすぐに向かってしまうのです。

あるいは逆に、過去の否定的な経験に基づく後悔などの方向に意識が向かってしまいます。端的には、今この瞬間にとどまることが難しく、何かをしていないと不安になるというのが現代人の1つの特徴となってしまっているのです。

そう考えてみると、現代人にとっての「今ここ」というのはもはや、何かをしていないと不安であるという気持ちの中で何かの活動に従事している時間なのかもしれません。

そうしたことを自覚しないまま、管理され、忙しない時間に身を置いている時には、「今ここ」

ということを意識しないばかりか、自らの自己搾取的プロジェクトの達成に向けて邁進してしまうこともまた問題です。そこでは自らが時間を味わい、時間の中を生きているというよりも、画一化された時間によって酷使されているかのような状況が見えてきます。

こうした状況に対してハンは、「時の香り」を味わうことを説きます。言い換えれば、加速度的な現代文明に毒されていない自分固有の時間を味わうこと。それを通じて、加速度的な現代文明に毒された自分固有の時間を取り戻すことの大切さをハンは訴えているように思えます。

私にとって旅に出かけることは、時の香りを味わい、現代文明に毒されていない自分固有の時間を味わうことに他なりません。

以前訪れたラトビアの首都リガのリガ大聖堂の回廊には、文字通り、そこに堆積された歴史に裏付けられた固有の時間の流れがありました。

また、ある年の年末に訪れたフィンランド北部のラップランド地方にあるロヴァニエミにも緩やかで豊かな時の流れがありました。ここはオーロラを見ることができる場所として知られています。

私にとって旅は、非日常的な時間を感じさせてくれる非常に貴重な処方箋です。

米国デューク大学の文明批評家キャサリン・ヘイルズの言葉を借りれば、現代人は無意識がハイジャックされていることに加えて、意識が喪失したかのようなゾンビ的状態に置かれていま す。すなわち、現代人は盲目的に社会的な価値観や慣習に従い、自らの意志の力に基づいて行動することが難しくなってしまっている状態に置かれています。その状態では、忙しない時間の中で生きていることを疑うことが難しく、自分固有の時間を積極的に生きようとすることは困難です。

私たちの人生をそのようなものにしようとする時代の精神と構造に立ち向かっていくために、例えば旅を通じて、固有の時間に身を委ねるというのは大切な実践的な処方箋のように思えます。

やってみよう！ **成長疲労への処方箋ワーク❼**

2020年と2022年の秋に1カ月ほど日本に滞在し、日本全国津々浦々を旅しました。日本の名所に流れる時間はとても緩やかで、とても豊かなものでした。その場所に固有の時間の流れや感覚に身を委ねることによって、自己が深く寛ぎ、深い自己涵養が実現したように思います。

今回のワークは、旅の計画を立て、実際に旅に出てみることです。

詳細に計画を立てるのではなく、何も計画を立てない旅も一興でしょう。ひとり旅をするのか、あるいは気心の知れた友人と旅をするのか、愛する人と一緒に旅をするのか、その形態も様々にあります。ご自身の直感に従って、旅の形態を選び、どこに旅をしたいのかに思いをめぐらせてみましょう。どこか直感的に行ってみたい場所が思いついたら、その場所に行ってみる計画を速やかに立ててみましょう。

そして実際に旅に出かけてみて、そこで感じた風物や、その場所に固有の時間の流れがどういったものだったのかを旅から帰ってきたら、身近な人にシェアしてみましょう。

さらには、旅に出かける前の自分と旅から帰ってきた自分を比較し、どのような変化が内側にあるのかを観察してみましょう。旅から帰ってきた自分は、きっと新たな自分になっているはずです。

観想的残居の大切さ

全て慌ただしいものはすぐにも過ぎ去る。ただとどまるもののみが、我らを真実の世界へ導く

リルケ（オーストリアの詩人）

ハンは、〝The Scent of Time（『時の香り』、未邦訳）〟という書籍の中で、中国には香りの持続時間で時を計る習慣があったことを紹介しています。日本にも「常香盤《じょうこうばん》」というものがあり、元々はお香を焚くための仏具でしたが、時間を計るためにも使われていました。

中国にせよ、日本にせよ、そうした形で時間を計る習慣が現在どれだけ残っているのかわかりませんが、それはとても素敵な習慣ではないでしょうか。そして、その重要性が今ほどに増している時代はないように思えるのです。

機械的な時間で運営される社会の中で、時間は事物とますます結びつかなくなってしまっています。元々時間は、植物の成長や季節の進行といった事物と結びつく形で存在していました。前述のように、時間は香りとの結びつきもありました。ところが現代においては、その結びつきを感じることが難しくなってしまっています。残念ながら、現代の時間は事物との結びつきから分離してしまい、現代の加速度的な世界の中で、その存在の意味を失い、高速にやり取りされる単なる「物」に成り果ててしまっています。

そのような状況に対抗するべく、ハンが提唱している「観想的残居《ざんきょ》(contemplative lingering)」というあり方を紹介したいと思います。

まずは言葉の語源から紹介すると、「観想的(contemplative)」というのは、古代ギリシャにおいて、実用的な目的を離れ、真理を純粋に考察するあり方のことでした。そこから僧院や修道院における黙想的なあり方のことを指すようになりました。

また、「残居(linger)」とは「そこに居続ける」「名残惜しむ」という意味ですが、〝linger〟をより厳密に日本語にすると「だらだらと過ごす」や「ぐずぐずしている」という否定的な意味合いにもなります。ハンは肯定性に満たされた社会の中にあって、あえてそうした否定性を内包した言葉の大切さと、そうした言葉を体現した生き方の重要性を説きます。

現代においては、季節感をはじめとして事物と時間の結びつきが分離する傾向が加速しており、そんな社会の中で、身近にある事物の中に存在している固有の時間を発見する試みに従事してみてはどうでしょうか。そして、ひとたびそうした固有の時間を発見できたら、ハンが指摘するように、そこに留まってみるのです。

おそらく、新自由主義的な効率性第一・生産性第一の社会に駆り立てられていれば、そこに留まることは1分ももたないかもしれません。そのことを卑下する必要は全くなく、事物の固有の時間に留まろうとしたことそのものが一歩前進したことでもあります。

これもまた1つの実践であることを考えると、事物に存在する固有の時間を大切にすればするほど、そしてそこに留まってみようとすればするほどに、徐々にそこに留まれる時間が長くなり、私たち一人ひとりにとっての豊かな時間を回復させ、それを育むことにつながるのではないかと思います。

プロテスタント主義と労働観及び観想的な余暇的生活

資本主義は、キリスト教の歴史とも深く結びついていて、中でも禁欲的なプロテスタント主義は、労働を救済と結びつける側面があります。キリスト教においては、そもそもの出発点として人間は原罪を負っているという考え方を持っています。そもそも資本主義がプロテスタントの思想と密接に関係していることからすると、人間は原罪を負っているという物語の力は、キリスト教国ではない日本においても他人事《ひとごと》ではないのではないかと思います。

労働と救済を結びつける発想から一歩前に考えを進め、日々の生活を労働中心に営むのではなく、余暇中心に切り替えていくこともまた、現代人にとって重要なのではないかと思います。

ハンが指摘しているように、古代ギリシャから中世にかけては、観想的な生き方が労働的な生き方を遥かに上回る価値を有していました。

しかしここで重要なのは、そうした古代や中世のあり方に回帰するというよりも、観想的なあり方を現代的にさらに深めた形で、つまり古代ギリシャ的な観想的生き方を含んで超えるような観想的生活を送っていくことができるかどうかが、これからの私たちの働き方や生き方に求められるのではないかと思うのです。

もしそれができなければ、人間はもはや動物や機械以下の存在になってしまうかもしれません。

ハンは、余暇と観想を人間存在の本質に据えています。余暇と観想がない人生は奴隷の人生であり、そうした奴隷的な生き方を生み出す構造は、今から何千年も前の文明の誕生時代から変わっていないのかもしれません。

前述の通り、現代においては、自らが自分をマネジメントする主人でもあり、自分によってマネジメントされる奴隷でもあるという構造が存在しているため、なお一層のこと、そうした構造に自覚的になりながら、余暇と観想を味わう生活を取り戻す必要があるのではないでしょうか。

古代ギリシャ的な観想的な生き方を超えて、さらに一段と深いものにしていくためには、まさに自分を取り巻くそうした社会的な状況や構造に自覚的になることが出発点になるでしょう。

観想的な生を送るために必要な「否定の力」

ハンは、観想的な生を送るために必要なのは、「否定の力」であると述べています。まず、否定の力の対極にある「肯定の力」とは何かというと、それは「～できる」という言葉で表されるものです。ハンは、現代社会は肯定の力の圧力に覆われた社会だと指摘しています。

確かに現代社会は、私たちの自由を認め、まるで私たちがなんでもできるかのような錯覚を与えますが、現実的にはなんでもできるわけではなく、また仮に何かができるように精進したところで、他のできない何かに気づいてしまい、自分が無能な存在に思えてきてしまうという性質があります。

そこで生じるのが、「～できない」という言葉を伴う無能感であり、この感情が過剰になるとうつ病などを発症してしまう危険性があります。

否定の力というのは、「～できない」という無能感を伴うものではなく、「あえて～しない」という形態を取ります。言い換えれば、自分の意志で行動の取捨ができる力のことを指します。

現代においては、過剰に何かができることを奨励したり、何かができないことを自責したりするような目には見えない社会的な圧力が存在しており、そうした社会の中で、いかに私たちが

「あえて～しない」という否定の力を獲得することができるかが重要であるとハンは指摘しています。

この指摘は重要であり、観想的な生を送るために必要なことは、できることを増やしていくことでは決してなく、ある意味「活動の断捨離」をしていくかのように、「あえて～しない」ということを増やしていく必要があると思います。

例えば、便利だとわかっていても、自分の貴重な時間を奪ってしまうSNSをあえて使わないというのは活動の断捨離の1つです。

しかしながら、ここで注意しなければならないのは、この「あえて～しない」ということを肯定の力に還元しないことです。すなわち、「あえて～しないということができる」と発想してしまっては元も子もないのです。その状態は、否定の力が肯定の力に転じてしまったことを意味します。

結局のところ、フランスの現代思想家バーナード・スティグラー[2]が指摘するように、どんな能力にも良薬の側面と毒薬の側面があり、ある閾値を超えると、それは肯定から否定へ、否定から肯定へと転じてしまう性質を持っています。この閾値には当然ながら個人差があるので、自分自身が実践を通じて、「あえて～しない」という否定の力の境界線を探り、「あえて～しないということができる」という肯定の力に転じないように注意深くある必要があるでしょう。

この実践を続けていけば、しないことが増えていき、観想的な時間を深く味わう時間が増え、1つ1つの活動を深く味わうことができるようになってくるのではないかと思います。

注2：フランスの思想家Bernard Stiegler（1952-2020）は、日本では「ベルナール・スティグレール」と表記されることがありますが、アカデミックな世界における共通語である英語の発音に忠実になり、本書では「バーナード・スティグラー」と記載しています。ちなみに、スティグラーは、テクノロジー哲学に関して重要な仕事を多数残しています。彼の仕事は一貫して、テクノロジー哲学の観点から新自由主義的資本主義社会の問題を取り上げることであり、彼の一連の論考を辿ることは、私たち個人と社会の治癒と変容に向けた多くの洞察をもたらしてくれるでしょう。

「しないこと」の大切さ

ハンは、前述したフーコー的な調教社会から達成主義的な社会に移行するにあたって、「～してはならない」「～しなければならない」という言葉の働きは弱まり、むしろ努力さえすればなんでもできるという風潮のもと、「～できる」という自我の理想に人々は駆り立てられていると主張します。

努力さえすればなんでも自由に実現できるという幻想の中で人々は、自己を限界まで追い込む形で日々を忙しなく生きています。その結果として燃え尽き症やうつ病を患ってしまう人たちが後を絶たないような状況が見られます。

そのような現代社会においては、何かができることを重視するのではなく、ハンが指摘するように、あえてそれをしない力というものが求められることについては前述の通りです。

ここで今一度、何もかもを「できる」という発想のもとに行ってしまうから疲弊するのだという事実を受け止め、自分が何ができないのかを把握した上で、積極的に何かをしないという意識的な選択をしていく実践の必要性を主張したいと思います。

さもなければ、達成主義的な現代社会の風潮に簡単に飲み込まれ、私たちは極限まで自分の心身を酷使し、挙げ句の果てには燃え尽き症やうつ病を患ってしまうでしょう。

やってみよう！ **成長疲労への処方箋ワーク❽**

観想的な生を実現するために、ここで一度、活動の断捨離を行ってみましょう。

今、皆さんの日々の行動や実践の中で、「あえてしなくていいこと」にはどのようなことがあるでしょうか?

それを見つけるのは意外と難しいかもしれません。

そうしたものがすぐに見つからなくても心配なさらないでください。

重要なことは、これまで日々惰性や強迫観念に基づいて行っていた行動や実践を一度棚上げし、冷静になってそれらを眺めてみる心の余白を確保することです。ひとたび心に余白がもたらされると、自分にとって本当に必要な行動や実践が見えてくるでしょう。

このワークも、あえてしなくていいことが何であったのか、それを断捨離してみて新たに見つかった、自分にとって本当に大切なことは何かを身近な人にシェアしてみましょう。

コラム4

対象に成ることと観想的な生

認識するとは、ある意味でその対象に成ることである

聖トマス（新約聖書に登場するイエスの使徒の一人）

皆さんは、「青空の内側にいる感覚」や「梅の花の内側にいる感覚」などを感じたことはありますか？

ある日、オランダの自宅の近所を散歩している時に、そんな感覚が突如やってきました。そこで体験したことは、そうした世界の内側は、実に静かで穏やかであるということです。そこには、人間が営む喧騒にまみれた世界とは全く違う現実世界があるかのようです。まさにそこでは、自然の風物など事物固有の世界が営まれていて、作為的な人間世界とは異なる時間の流れや理《ことわり》があることを教えてくれます。

私たちは普段何気なく、青空や草花を眺めているかもしれません。最近私は、「対象を見

ること」ではなく、「対象と成ること」が重要なのではないかと考えています。

新自由主義的社会にあっては、自己と他者は往々にして分断状態です。そこでは1人の自律した存在として生きることが求められ、自分と他者の線引きがなされます。そうした自己と他者の分離を超えることは、共同体意識を取り戻すための重要な事柄であり、対象と成ることは、まさに自己と他者の壁を越えて、1つに成ることを意味します。

アメリカの思想家ケン・ウィルバーは、仏教の用語を用いて、そうした状態を「非二元（non-duality）」と表現しています。対象を見るというのは、依然として見る主体としての自己が残存しています。

一方、非二元の意識状態は、見る主体としての自分と見られる対象を分離する形ではなく、主体と対象がまるで一体（主客合一）となったかのような認識をもたらします。例えば、雄大な自然を眺めた時、眺めている主体としての自己意識が消えていき、自分がまるで目の前の自然と一体となったかのような感覚を味わったことのある方も多いでしょう。

見る主体と見られる対象が合致するということが「対象そのものと成る」という意味であり、それは世界そのものを体験していくことにつながります。こうした体験を積んでいくこともまた、現代社会の治癒と変容につながる大切な実践だと思います。

そして、対象と成ることは、観想的な生を送ることとも密接に関わっています。観想的な生を送る上で重要なことは、利己的な自我の囚われから脱却することです。自我は、私たちに悩みや不安をもたらす最大の要因でありながら、そうした自我を一所懸命に消し去ろうとすると、逆に自我の防衛反応から、むしろまた別種の悩みや不安を引き起こすという側面があります。

利己的な自我の囚われから脱却するためには、最初のステップとして、自我を刺激するようなものからできるだけ距離を取り、落ち着いた環境に身を置いて、自我の種々の側面をゆっくりと内省していくことが重要です。

観想的な生は、新自由主義的社会から自己を防衛するだけではなく、余暇を通じた内省と、他者との対話のゆとりを通じて、共同体精神を回復させながら、真の意味で民主主義的な社会を構築していくことに不可欠なのではないかと思います。

マルチタスクを省察する

ここまで、新自由主義的社会における観想的な生の役割とその大切さについて説明してきました。観想的な生は、ある意味、私たち人間にとっての特権でもあります。それは、生存のために様々なことに注意を向けなければならない動物には味わえないものなのです。

ハンが指摘するように、野生動物は絶えず自分や仲間の身を案じながら狩りをしたり、行動したりせねばならず、絶えず意識がマルチタスク状態なのです。現代人は残念ながら、マルチタスクをすることが良いことのように捉えている節があり、それはハンに言わせれば、野生動物と同様の生き方をしているということに他なりません。

現代社会においては、例えば電話をしながらメールを読むことであったり、ご飯を食べながら資料を読むといったマルチタスクが普通に行われていますが、マルチタスクが問題なのは、ハンが指摘するように、注意欠如・多動症を助長したり、観想的な生の喪失を促すからです。

観想的な生を営むことは人間の特権であり、それは本来難しいことではありません。朝日の温もりを存分に感じたり、そよ風に触れて寛いでみたり、小鳥の鳴き声に耳を傾けるなど、ちょっとしたことで私たちは観想的な生を営めるのです。

逆に言えば、こうしたちょっとしたことができないほどに、現代人はマルチタスクを含め、達成主義的な社会の駆り立てに埋没してしまっているのです。

現代人の多くは、過度な能力主義のもと、何かができることが自らの存在の証のように錯覚しています。ハンが述べるように、マルチタスクが声高に叫ばれるのも、そのような錯覚が支配しているからでしょう。
そもそもマルチタスクは野生動物が発揮しているようなものであり、少なくとも深い生を営む人間が行うようなものではなかったことに気づく必要があります。

観想的な生を営めているかの試金石として、例えばどれだけ日々静かな時間を設けて、自己省察が行えているのかを考えてみることは有益でしょう。

例えば、観想的な生の構成要素に内省があることを踏まえると、日々の振り返りとして日記を書くことは、観想的な生の実現に寄与してくれるのではないかと思います。デカルトは晩年、フランスからオランダに居を移し、そこで観想的な生を送りながら、思索を深めていきました。デカルトにせよ、モンテーニュにせよ、パスカルにせよ、観想的な生を送りながら、随筆的なスタイルで文章を執筆していったことは注目に値します。彼らは静けさを大切にし、内省する時間を日々設けていたのです。

内省をマルチタスクの一環として頭の中で行うのではなく、やはり言葉として書き残すような試みとして行うことは重要なのではないかと思います。
書くという作業のために時間を取り、書くための内容を構想する時間を取れるかどうかが、その人が観想的な生を営んでいるのか否かの分水嶺になるように思います。

自己省察と健全な自己批判を行いながら日々をゆっくり過ごしていくこと。そんなあり方が観想的な生き方の一側面として重要なのではないかと思います。

退屈さの価値や意義を考える

観想的な生について言及したところで、今度は、ドイツの社会批評家ウォルター・ベンジャミン[3]が指摘するように、退屈さの価値や意義を問いたいと思います。

現代社会においては、退屈さがまるで悪であるかのような扱いを受けていて、人々は自らを達成や成果、そして成長に駆り立てながら日々を忙しく生きています。そこには一息つく暇もないほどに時間に追われている生があります。そんな生において、退屈さは悪となり、人々は退屈さを拒絶するかのように、スマホやSNSの世界に入り込んでいきます。

そして仕事においては、マルチタスクの推奨のもとに、次から次に同時並行的にタスクに追われ、そこにもまた仕事上における退屈さは鳴りを潜めています。

そんな社会に生きていれば疲弊するのも当然だと言えるのではないでしょうか。疲弊し、燃え尽きてしまうことは、現代社会においてはまるで自然の成り行きであるかのようです。

そんな社会に対して、ベンジャミンとハンが指摘するように、私たちが退屈さという意味付けをどのように変化させ、そして退屈さをどれだけ積極的に享受するかが鍵となる処方箋になります。

私は日々、音楽を作ったり、デジタル絵画を描いたりしているのですが、そうした創造活動に日々従事しながら気づくのは、良き創造というのはある意味退屈さの中からしか生まれないのかもしれないということです。

創作活動に従事する際には、必ず内省と創造に従事するための心のゆとりのようなものが必要であり、それは退屈さがあってこそ担保されるものなのではないかと思います。その点において、退屈さに対して、一般的な意味の用法で使われているものとは異なる肯定的な意味を与えることができます。

新自由主義的社会の中で、絶えず何かに追われて駆り立てられているというのは、決して自由な状態とは言えないでしょう。

一方で、創造や観想的な生と深く結びついている退屈さ（boredom）というのは、本当の意味での自由（freedom）に向けて、私たちを様々なしがらみから解放してくれるものなのではないかと思います。

注3：Walter Benjamin（1892-1940）は、日本では「ヴァルター・ベンヤミン」と表記されることがありま

す。本書では、アカデミックな世界における共通語である英語の発音に近い「ウォルター・ベンジャミン」と表記しています。ハンは、ベンジャミンの主著〝The Work of Art in the Age of Mechanical Reproduction（『複製技術時代の芸術』、邦訳：岩波書店）〟を参考にしながら、種々の芸術論を展開しています。

コラム5

「今ここに生きる」ことの正しい実践

コラム1では、現代の霊性を取り巻く実践の問題点、つまり自己中心性を強化するための問題について取り上げました。それに加えて、現代では、本来は私たちに観想的な生を送らせてくれることに寄与する「今ここ」にあろうとすることが、フェティシズム的（物神崇拝的）な対象になってしまっている問題も散見されます。

端的に言えば、マインドフルネスに熱中する「今ここ」を強調する人たちは、果たしてどれほど「今ここ」にいるのだろうか、「今ここ」にいないがゆえにそのような言葉が発せられるのではないか、という問題意識が私の中にあります。

もちろん、新自由主義的社会においては、時間の流れは目まぐるしく、「今ここ」を大切にする生き方は非常に重要なことかと思います。

しかし、再三指摘しているように、新自由主義的社会の構造的な問題そのものに関与していかなければ、「今ここ」にあるということそのものが単なる消費的実践になりかねず、「今ここ」を単に強調する新たなビジネスなどを産んでしまいかねません。

私たちは「今ここ」を大切にしながらも、そのことが社会の構造的な問題から目を背けることになっていないかを確認しなければならないと思うのです。

ひょっとしたら、「今ここ」に留まろうとすることそのものが、ある種の心地良さをもたらすゆえに、そうした状態に固着することを助長してしまい、そうした心地良い状態を絶対視することによって、社会の構造的な問題が見えにくくなっている側面もあるかと思います。

コラム1で言及した「スピリチャルな実践がスーパーマーケットのように広く展開されている」ということの背後には、スピリチャルな実践によって利益を得ようとする、新自由主義と密接に結び付いた社会の構造的な問題があることを見抜く必要があります。

巷で流行しているマインドフルネスは、本来は道徳や倫理の領域も含みながら、その実践を通じて利他的に社会へ関与・貢献していくことが本義にあったはずです。残念ながら、現代社会で喧伝されているマインドフルネスもまた、フェティシズム的な対象になってしまっています。

さらに、マインドフルネスを実践することは、まるでマクドナルドのようにファストフード化してしまっており、その現象は「マクマインドフルネス（McMindfulness）」と呼ばれているほどです。私たちを取り巻く社会の有り様そのものに批判的な眼差しを向けなければ、そうした実践はことごとく既存の社会に「より良く適応した歯車（better adjusted cogs）」に留まるためのものになってしまいます。

逆に言えば、その実情に目を向け、社会に関与していく意志を持つことができれば、真の意味での目覚めや解放につながっていくのではないかと思います。

第3章

発達理論から真の成長を考える

真理とは、それを知ることが人間の幸いとなることである

エリック・ヘラー（イギリスの評論家）

心理政治的な様相が強まる社会

現代は、ミシェル・フーコーが指摘するような身体的な調教型社会（62ページ参照）から、ハンが指摘するように、データで人々を監視・管理するデジタルパノプティコン的な様相に加えて、最先端のテクノロジーやマスメディアを活用して人々の感情や意志に訴えかけるという特徴を持つ「心理政治的（psychopolitical）」な社会の様相も強まっています（パノプティコン［panopticon］とは中央に監視塔がある円形の監獄のこと。「全展望監視システム」などともいう）。

そのような社会の中では、私たちの肯定的な感情に焦点が当てられ、精神的なエネルギーは搾取と改変の対象となります。そこでは、「自分には～ができる」という〝can〟を煽るメッセージが投げかけられ続け、人々はその達成へと自らを駆り立てることになります。このことを少し補足説明しましょう。

この仕組みが巧妙なのは、フーコーが指摘する身体的な調教型社会の中に存在していたある種明確な調教者というのは存在せず、社会全体からの見えない圧力によって、個人自らが自分の調教者になることです。一昔前のような、搾取する者とされる者が別の存在だった構造は希薄になり、現代においては搾取する者とされる者はことごとく自分という存在に一致します。

すなわち、現代社会においては、自らが自分のエネルギーを搾取する存在となり、人々は社会からの見えない圧力によって、自分には何かができるということを信じながら、絶えず自分を成長や成果に駆り立てていきます。

また、恐ろしいのは、自分には何かができると思って自己を駆り立てない者は、社会の外にすぐさま弾き出されてしまうことです。ビッグデータを礼讃し、高度なテクノロジーを活用した新自由主義的社会においては、成長が実現できなかったり、成果を生み出せなかったりするシステム不適合者を一望的に見つけ出す仕組みが生まれ、システム不適合者をシステムの外に一斉に弾き出してしまうような仕組みがあるのです。ハンはそうした仕組みを、〝ban（〜を禁止する）〟という言葉とパノプティコンをかけて、「バノプティコン（ban-opticon）」と呼んでいます。

しかも現代社会では、システム不適合者を発見する技術はますます洗練され、ビッグデータや各種のアセスメントを通じて、より効率的にシステムの外へシステム不適合者を排除する仕組みが構築され続けています。

自分には何かが達成できると思えないような人間は、システム不適合者として簡単に社会の外に弾き出されてしまい、必要な支援や機会が与えられないのです。

一方で、システム適合者は自らを成長や成果の実現に駆り立てる起業家精神に基づいて、飽くなき達成の道を邁進することになります。現代の成長疲労社会の特徴は、そのような構造を持っていると言えます。

この構造を見抜くことは、そうした構造に絡め取られないための護身術的な処方箋になり、各人に合った具体的な実践を考えていくための補助線になります。

新自由主義的収奪システムが生み出した悪弊

ここまでのまとめとして、新自由主義的資本主義の世界では、フーコーが提唱した調教型の収奪システムではなく、新たな収奪システムが出来上がっていることをまず確認したいと思います。

そこでは、肉体労働を通じて身体エネルギーが搾取されるというよりも、感情や精神的エネルギーが搾取され、できることに邁進する起業家に仕立て上げる収奪システムが存在しています。過度な達成主義と能力主義のもと、人々を常に何かを達成しようとする起業家のように仕立て上げ、見せかけの自主性・自律性に任せて、資本の増大のために時間と精神的エネルギーを搾取する形で人々を働かせ続けるような仕組みが存在しているのです。

しかも厄介なのは、人々は情熱的に自己を搾取し続けてしまい、燃え尽き症やうつ病になるまで気づけないことです。自己をそのように駆り立ててしまう背後には、見せかけの気持ち良さがあります。

ハンの指摘で重要なのは、フーコー的な調教システムでは肉体的な苦痛に基づいて搾取が行われていたのに対し、現代の新自由主義的収奪システムにおいては、達成や成長の心地良さを含め、一見すると肯定的な感情に付け入る形で人々の時間やエネルギーを搾取する仕組みが存在しているということです。だから人々は自ら率先して、喜んで自己を搾取してしまうのです。

その結果、人々は気づかないうちに極度に疲弊し、燃え尽き症やうつ病などを患い、社会全体が燃え尽き症化し、さらにはうつ病化してしまうのです。

そんな社会においては、もはや余暇でさえも、リゾート地に出かけてそこで自撮りした自分の写真や高級料理の写真などをSNSにアップするなどして、起業家的自己のパーソナルブランディングの向上のために使われてしまったり、余暇をその先に待つ生産性や効率性を念頭に入れた上で、今後何かを達成したりするために能力開発のセミナーやワークショップ、さらにはリトリート（非日常的な気分を味わえる場所へ行き、心身をリラックスさせること）などに充ててしまうのです。

現代社会はもはや、有害な形で私たちの肯定的な感情に付け入り、過度な生産性と効率性の追求に我々を駆り立てます。そして厄介なのは、こうした不健全なシステムが中央集権的に運営されているのではなく、責任の所在が無数に分散している非中央集権的な形で運営されていることです。これは今流行の、特定の管理者を持たず、インターネットを介して、誰もが平等に参加してプロジェクトや事業を運営する組織である「分散型自律組織（decentralized autonomous organization）」を考えてみるとわかりやすいでしょう。

つまり、そこでは誰か1人が、もしくは1つの組織が私たちの時間とエネルギーを搾取する不健全なシステムを生んでいるのではなく、社会全体の中にそうしたシステムを生み出す無数の人や組織が高度に分散され、1つの巨大で複雑なシステムを構築しているのです。

さらには、達成主義的・能力主義的な社会はそんな有害なシステムに私たちが適合することを良しとします。ひとたび成長や成果をあげることができず、システムに不適合になった者にはチャンスや支援はほとんど与えられず、システム不適合者としての烙印を押されて虐げられるのです。

社会のそうした病理的システムに自覚的になることが、その治癒と変容に向けた第一歩になるのではないかと思います。

現代に求められる真の知性

深く病んだ社会にうまく適合できるというのは健全さの基準ではない

ジッドゥ・クリシュナムルティ（インドの神秘家）

聖者はいつの時代も最初、異端者の姿をして現れる

西脇順三郎（詩人）

現代人は、前述のような社会システムの中で、ますます共感能力を喪失しています。新自由主義的社会においては、自律を促す形で自己と他者を分断させ、常に競争を煽ります。そこでは、自由な競争が、最大限の効率性と生産性をもたらすという考えがあります。それに加えて、過度な達成主義・能力主義の横行によって、他人の痛みや苦しみがわからない人が増えているのは自然の成り行きのように思えます。

他人の心の痛みや苦しみがわからない人が増えていることに加えて、「権威主義的パーソナリティ」を併せ持っている人が増えています。権威主義的パーソナリティとは、権威の言うことに従順であり、法律や規則にがんじがらめになって、自らの頭で物事を考えることができない人たちの特性を指します。これは、コラム2で取り上げた、社会の規範に則った思考である「コンベ

ンショナルな思考」の性質と合致するものです。

この点に加えてさらに問題なのは、現代社会においては、ひどく限定的な知性がもてはやされたり、評価の対象になったりすることです。ハーバード大学教授ハワード・ガードナーが提唱した「多重知性理論（人間には、論理数学的知性、身体的知性、芸術的知性など、様々な知性が存在していることを指摘する理論）」に影響を受けた形でアメリカの思想家ケン・ウィルバーが提唱したように、本来人間の知性というのは無限の種類を持ちます。

それにもかかわらず、現代においては、既存のシステムの中で成功することにつながるような知性ばかりが注目され、まるでそれ以外の知性は存在していないかのように扱われていることは大きな問題です。言い換えれば、現代で評価される知性のほとんどは、既存のシステムにうまく適合できるものばかりなのです。例えば、生産性や効率性を上げるための知性や経済的に裕福になるための知性などが挙げられます。

一方で、既存のシステムに適合できないような知性は、存在の居場所を失います。例えば、経済的な成功とは結びつかないような芸術的な知性や、ビジネス的に成果が出るのかわからないような事柄にじっくりと取り組む知性などは、ほとんど注目されず、大切に扱われることはありません。そこからわかるように、新自由主義的社会においては、私たちの知性までもが画一化されているのです。

今、真に求められる知性というのは、世間でもてはやされているような様々な「～力」という言葉で表現されているようなものではなく、前述したような、私たちの時間やエネルギーを搾取し、飽くなき成長と成果に駆り立てるような不健全なシステムの問題と真摯に向き合うことを可能にさせる知性であり、そうしたシステムの構造的な問題を発見し、その解決に向けてアクションを行えるようなたくましい知性なのではないでしょうか。

現代社会を覆う新自由主義的収奪システムは、人々をそれに適合させる巧妙な仕組みを持っています。そして、多くの人たちの知性はそうしたシステムをうまく回すために好都合な適応的なものになっています。

現代社会を駆動させているシステムの問題を見抜いたり、それに適応することに違和感を覚える人がごく少数いることは確かです。

しかし残念ながら、そうした人たちは、「システム不適合者」の烙印を押され、社会から弾かれる傾向にあります。そして、異端者扱いを受けた人たちは、諸々の機会や権利を喪失することさえあります。

こうした状況を乗り越えていくために、まずは既存の社会システムの構造に違和感を持つというのは本来健全なことであることを思い出し、普段自分が発揮している知性がシステム適合的なものになっていないかを内省し、様々な知性に居場所を与えるという意味での「市民権」を与えることが重要な処方箋になるのではないかと思います。

自分が何者であるかを知るための痛みや苦痛の大切さ

なぜなら「成熟」するとはなにかを獲得することではなくて、喪失を確認することだからである

江藤淳（文芸評論家）

ハンは、新自由主義的社会においては、肉体的な痛みや苦痛に加えて、精神的な痛みや苦痛が悪と見なされ、毛嫌いされる傾向を問題視しています。現代社会は、そうした痛みや苦痛を避けるようにそれらを取り除こうとします。そのような傾向が見られる社会をハンは、「緩和社会（palliative society）」であると呼んでいます。

奇しくも、新自由主義は各種の規制を緩和し、大半のことを市場原理に委ねようとするのですが、まるでそれが私たちの痛みや苦痛といった現象にまで影響を与えているかのようです。痛みや苦痛を取り除くことを良しとする社会の中で、ハンは痛みや苦痛から出発することの大切さを説きます。

そもそも、痛みや苦痛とは、主観性の産物です。言い換えれば、痛みや苦痛がなぜ生じているのかという根本的原因を通じて、私たちは自分が何者であるかを知ることができるのです。自分

が何者であるかを知るために、痛みや苦痛は重要な役割を果たすのですが、現代の緩和社会は、痛みや苦痛をまるで悪いものであるかのように見なし、根絶の方向に向かっています。

ビッグデータの時代である現代社会においては、人間はますますデータとしての「物」であるかのように扱われ、人間としての実存性は崩壊の危機にあります。現代の実存性の崩壊というのは、痛みや苦痛の緩和と撲滅を加速させる社会の構造的な病理と密接に結びついているのではないかと思います。

現代社会のように、痛みや苦痛を和らげることに対して過剰になり、痛みや苦痛の意味や価値を考えることなく、それを抹消しようとする社会のあり方をもう一度見つめ直さなければならないように思います。

痛みや苦痛は、主観性の産物であり、私たちが何者であるかを気づかせてくれるだけではなく、痛みや苦痛には本来物語《ナラティブ》があるはずです。痛みや苦痛がなぜそこに生じているのかというのは物語に他ならず、何か理由があるのです。ヨガの世界において、「病は最良の師である」と言われるように、痛みや苦痛というのは本来私たちに何かを訴えかけていて、そこには何かしらの意味と物語があるはずなのです。

痛みや苦痛の中にある意味や物語に目を向けることは、自分とは何者かという実存的な意味が希薄になりつつある社会の中で、自らの実存性を回復させる手段としてとても大切なことなので

はないかと思います。

中世に活躍したカトリックの神秘家アビラの聖テレサは、痛みや苦痛の中に神を見出していました。彼女は、痛みや苦痛と神の間に重要な関係性を見出していたのです。ハンが指摘するように、現代は聖なるものを失った時代であり、それは痛みや苦痛を一時的に緩和させる現代社会のあり方と強く結びついているのではないでしょうか。

新自由主義は、データや数値を好む一方で、データや数値に馴染まないものを嫌います。痛みや苦痛というのは、本来計測不可能なものであり、主観的な産物であることを指摘したように、痛みや苦痛を受け止めるということは、単なるデータや数値に置き換えることのできない主観性を受け止めることにつながるのではないでしょうか。

その人固有の主観性には必ず何らかの意味があります。現代人が慢性的な痛みや苦痛を抱えているのはひょっとしたら、痛みや苦痛から意味が剥奪され、まさにオーストリアの精神科医のヴィクトール・フランクルが提唱したロゴセラピー（意味中心療法：各人の生きる意味を見出す支援をすることを通じて心の病を治癒していく心理療法）が大切にしていた意味を通じた治癒というものが機能しなくなっているからなのではないかと思います。

そうしたことからも、痛みや苦痛が私たちに訴えかけてくるメッセージに耳を傾け、その意味を探求することが、自分が存在する意味や生きる意味の復権につながる処方箋になるのではないかと思います。

成人発達理論から痛みや苦痛を捉えてみる

傷とは、光があなたの中に入ってくる場所なのです

ルーミー（ペルシャの詩人）

成人発達理論の観点からすると、物理的な痛みや苦痛ではなく、とりわけ自分が存在する意味や生きる意味を見出す困難に直面するという実存的な痛みや苦痛というのは、私たちの成長にとって不可欠なものになります。

また、私たちの成長とは、起こそうと思って起きるようなものではなく、大きな壁や挫折に直面し、それと格闘することを通じて止むに止まれぬ形で生じるという側面があります。成長は本来、長大な時間を要するものであり、見方を変えると、本質的には大変煩わしいものでさえあります。

つまり私たちの成長は、今の成長段階における痛みや苦痛を引き受け、それをなんとか乗り越えていきたいという内側の呻き声に基づいて実現されるという側面があります。

実存的な痛みや苦痛というのはすなわち、止むに止まれぬ形で起こる私たちの成長の養分であり、成長を後押ししてくれる価値を持つ存在なのです。

また、私たちの本質的な成長を促してくれる痛みや苦痛は、往々にして運命的なものであり、さらには不合理や不条理を孕むものでもあります。

例えば、私たちは生まれてくる時代も親も選べません。国籍も性別も選ぶことができず、私たちは誰しも、この世界に生まれてくる瞬間に、不合理や不条理を背負う形で自らの人生の歩みを始めます。自らの宿命を背負って人生を歩む過程の中で、私たちはそこでまた色々な痛みや苦痛を経験します。

健全な発達を遂げていくためには、そうした痛みや苦痛を治癒することはもちろん大事なのですが、治癒がある程度深まると、私たちは自身に降りかかる痛みや苦痛をある種のギフト（贈り物）として受け取れるようになってきます。言い換えると、自分に降りかかった理不尽な出来事や不幸の否定的な側面ではなく、肯定的な側面を見ることができるようになってきて、そうした出来事や不幸が自分の成長を促す贈り物のような存在だと思えるようになってきます。

贈り物としての痛みや苦痛の存在に気づくと、私たちは、そうした痛みや苦痛を背負ったからこそ社会に発信できる何かや、社会に対して貢献するための自らの使命に気づき始めます。

自らの内側にある声に気づくというのはまさに、自分が宿命として背負うことになった痛みや苦痛に気づくことであって、自己を表現するというのは、そうした痛みや苦痛を引き受けて初めて実現されるものなのです。

そして、私たちが自ら運命として背負った痛みや苦痛の存在に気づく時、他の人たちもまた同様に宿命的な痛みや苦痛を背負っているということに、はたと気づかされます。そこに他者への真の意味での共感の念が芽生えます。

さらには、共同体が背負っている痛みや苦痛、同時代が背負っている痛みや苦痛の存在にも意識が開かれていきます。

人間の本質的な成長とは、自分の痛みや苦痛を引き受けるところから始まり、他者の痛みや苦痛、さらには共同体や時代が抱える痛みや苦痛を引き受けながら実現されていくものなのです。

自らの本質的な成長を促す贈り物としての痛みや苦痛に気づくことができた人たちは、同時代を生きる他者や共同体の痛みや苦痛だけではなく、次の世代の人たちが背負うであろう痛みや苦痛に自覚的になり、彼らがより良い人生を送れるための活動に乗り出していくはずです。

やってみよう！ 成長疲労への処方箋ワーク❾

今回のワークは、ご自身の贈り物《ギフト》としての痛みや苦痛に気づくことにあります。

・人生を振り返ってみて、自分を成長させてくれた痛みや苦痛にはどのようなものがありますか？
・また、今この瞬間に抱えている、安易に解消させてはならない大切な痛みや苦痛にはどのようなものがありますか？
・その痛みや苦痛とどのように向き合っていきたいでしょうか？

これらの問いに真摯に答える時、皆さんに与えられた痛みや苦痛は真の意味でギフトとなり、皆さんの成長を根底から支えてくれるものになるはずです。

可能であれば、身近な人や愛する人が抱えている痛みや苦痛にはどのようなものがあるのかを対話を通じて明らかにし、その人と一緒になってどうすればその痛みや苦痛を引き受けることができるかも考えてみましょう。

さらに発展的なワークとして、組織や社会といった同時代の共同体が抱える痛みや苦痛にはどのようなものがあるかを考えてみましょう。

痛みや苦痛を受け入れる

パトス（情熱）はパトス（深み）なのである

今道友信（美学哲学者）

地獄に届く根を持たない木は天国に至ることはできない

カール・グスタフ・ユング（スイスの心理学者）

真実を直視することは時に残酷であり、真実は私たちが見たいものばかりであるとは限りません。悲惨な戦争の事実をテレビニュースなどを通して目の当たりにして心を痛めたことのある人は多いでしょう。

ハンは、真実には痛みや苦痛がつきものであると指摘しています。とりわけ真実が、自らは何者であって、生きる意味とは何かという自分の実存に迫るものであればあるほどに、そこにはある種の痛みや苦痛が付きまとうのです。そして私たちは、そうした痛みや苦痛を通じて、自らの実存性や霊性を深めていくという性質があります。ここにおいてもまた、痛みや苦痛を骨抜きにし、真実から遠ざかろうとする現代社会の危うさを見ます。

今の世の中、巧みなアルゴリズムにもとづくソーシャルメディアを通じて、自分が見たいと思う情報しか目の前にやってこない状況になっています。

そこでは、自分が見たい情報にしか目を向けず、自己に痛みや苦痛をもたらす真実から目を背けるという事態が生じています。そうすると、人々はますます閉鎖的な思考となり、自らの実存性や霊性は未熟なままに温存されます。

また、痛みや苦痛を過度に緩和・除去させようとする現代社会は、日々を情熱的に生きることを難しくさせます。情熱（passion）という言葉は、ラテン語の〝passio（苦しみ、受難）〟という言葉から派生し、それは〝suffering（苦しみ）〟という言葉に由来します。

つまり、情熱とは苦を受け入れることから始まることであるため、受苦であり、受難なのです。よって、苦痛を回避する傾向を加速させることは、情熱を持って生きることをますます困難にさせます。

情熱的な生は、苦を引き受けることから始まるということを、そして情熱的な生は痛みを通じ

て燃え上がるということを再度確認する必要があるのではないでしょうか。

それを再認識することが、痛みや苦痛を伴う真実に自己を開き、日々を情熱的に生きることを可能にする最初の処方箋になるはずです。

コラム6

ポスト真実の時代における真実を見に行くことの意義

全宇宙が聞いたから、あなたも聞いたんじゃないかね

鈴木大拙（仏教哲学者）

現代は、客観的な事実を示すよりも、個人の感情に直接訴えかけることのほうが影響力がある「ポスト真実（post-truth）」の時代であると言われます。

そんな時代の中で、真実はますます見えにくくなっています。そうした時代の中で、くさいものに蓋をせず、それらの事柄を実際に積極的に見てみることの大切さが増しているように思います。

そもそも、ある対象に対して社会からくさいと思わされているだけのことがあり、実際にそ

のにおいを嗅いだわけではないのに、思い込みだけで物事の真実を見ない形で素通りしてしまっていることはよくあるでしょう。

例えば、格差問題や悲惨な戦争の背後にある真実に目を向けないで、表面的なニュース報道で満足してしまう人は多いのではないかと思います。

そうした無意識的な働きに自覚的になり、見たくないと思っている（思わされている）ものをあえて見に行くような取り組みもまた、これまでの自分の盲点や社会の影の部分に気づかせてくれる実践につながるのではないかと思います。


少し角度を変えてみると、例えば本書で取り上げているビョンチョル・ハンは、一連の著作の中で、哲学者のマーティン・ハイデガーや政治学者のカール・シュミットをよく引用しています。どちらの学者も、ナチスへ加担したことが知られており、その事実だけをもって彼らの仕事を盥《たらい》の水と一緒に赤子を流すかのように、彼らの書物を読まないまま毛嫌いして素通りしてしまう人をよく見かけます。

当然ながら、彼らの思想の中に何らかの危うさが内包されていることは確かかもしれませんが、逆に言えばそうした危うさが彼らの思想の魅力を形作っている側面もあり、危うさの自覚をしながら一度きちんとそうした思想家の書物を読んでみるということは重要かと思います。

思想というのはなかなか難しいものであり、本当に社会に多大な影響を与えるような思想は往々にしてそうした危うさと魅力の双方を含んでいて、人や社会を大きく動かす側面があります。

それこそ、ハイデガーやシュミットだけではなく、本書で取り上げている神学者のポール・ティリックにも多大な影響を与えたカール・マルクスは、最も誤解され、最も曲解された形で思想が受け止められてしまったひとりだと言えるかもしれません。

マルクスの『資本論』を深く読むことなく、資本主義の問題に関するマルクスの深い洞察を無視する形で、マルクスの革命的な思想だけが切り取られ、世界規模での共産革命や学生運動が生まれることになってしまったのは歴史を見れば歴然としています。

いずれにせよ、思想における価値と危険性を理解するための分別を獲得することが大切であり、それをするためにはやはり、色々と勉強してみなければ判断の度量衡を作っていくことは難しいかと思います。

ポスト真実時代にあっては、真実が蓋をされ、本当は重要なことが、まるでくさいものであるかのように思い込まされてしまう傾向が加速するでしょうから、社会の中でタブーになっている話題を積極的に探究してみることは重要な実践だと思います。

その一助として、例えばジャーナリストの神保哲生氏が1999年に立ち上げた独立系インターネットニュースメディアの『ビデオニュース・ドットコム』は、社会学者の宮台真司氏と共に、日本や世界で現在進行形で起こっている問題を毎週1つ取り上げながら、私たちの社会に通底している影やタブーを取り扱っている非常に貴重なメディアだと思います。

その他に、いかなる企業や政府からの資金援助を受けていない独立系メディアとして、アメリカの『デモクラシー・ナウ！』というものがあり、こちらはアメリカの話題が中心ですが、メインストリームのマスコミでは取り上げられない話題や報道されない人々の声を汲み取っている意味で、『ビデオニュース・ドットコム』と同じく、大変重要な情報発信をしているので、どちらも一度視聴してみることをお勧めします。

こうした情報媒体に触れ、社会で起きていることを多面的に見ることは、自分自身と社会の治癒と変容につながる大切な実践になります。

成人発達理論が主張する死と再生のプロセス

個人は自分の死を見つめたとき醒める

今道友信（美学哲学者）

生きることを学んできたつもりだったが、単に死ぬことを学んでいたらしい

レオナルド・ダ・ヴィンチ（イタリアの芸術家）

木の実が実って、自然に落ちるような、その人に固有の豊かな死がある

リルケ（オーストリアの詩人）

ハンは、〝Capitalism and the Death Drive（『資本主義と死の衝動』、未邦訳）〟という書籍の中で、現代の資本主義と死の衝動の結び付きが強い点に着目し、現代人の死生観を改めて問うことの大切さを指摘しています。

資本主義と死の衝動の結び付きは、古くは精神分析の始祖であるフロイトや、フロイトの理論に多大な影響を受けたフランクフルト学派の学者たちも指摘しています。

現代人が達成型社会の中で自らを駆り立てるようにして働いたり、一所懸命になって能力開発を行ったりする根幹には、死に対する恐れが見えます。成長や成果を実現できず、失敗者の烙印を押されることは、現代人の目には死のように避けたいこととして映ります。その他にも、自分の価値観が認められなかったり、自尊心が傷付けられたりすることもまた、多くの人にとっては死のように避けたいこととして捉えられています。

フランクフルト学派の提唱者のひとりであるテオドール・アドルノが指摘するように、死を否定する生は、破壊的・暴力的なものとなり、死を忌避すればするほどに、生はますます破壊的・暴力的な性質を強めていきます。現代においては、死の意味を内省するような機会が喪失している状態であるように思えます。

フランスの思想家ジョルジュ・バタイユが述べるように、本来死を見つめることは、自我の囚われから私たちを解放し、高みに連れて行ってくれるエロス（上昇の愛）と不可分のものであったはずです。

現代において、充実した生を営めなくなってきていることの背景には、どうやら死をどのように捉えるかという大きな問題があるように思います。

霊性学（spirituality studies）の格言に、「死して成れ」という言葉があります。この言葉が意味していることと、私が専門にしている成人発達理論の世界における、「発達とは死と再生の連続的なプロセスである」という言葉は密接につながっていて、どちらも共に発達の根幹原理だと言えます。

それが意味することは、**私たちは次の発達段階に到達するためには、今の発達段階を死ぬこと、すなわち今の発達段階を手放す必要があるということです。**

その原理に立ち返ってみると、死を拒絶し、死の意味を考える機会を喪失した私たちの生においては、自己を真に深めていくことはひどく難しいものになってしまっているように思います。

死の意味を問い、抑圧されている死の恐怖を見つめることはなかなか難しいことです。フロイトが指摘するように、重要なことは無意識的なものを意識化させることです。ただし、過去のトラウマを伴うような死の意識化は専門性が問われるため、サイコセラピストのような専門家の支援を仰ぎながらそれに着手する必要があります。

一方で、自分1人で始められる実践としては、例えば、死が当たり前のものとして存在している自然と触れ合ってみるというのは1つの方法でしょう。自分で何か野菜や植物を育てたり、ペットを飼われたりしたことのある人であればすぐに気づかれると思いますが、生命を育む過程の中で、必ず死を見ることになります。自分自身の死と直接向き合うことが難しければ、まずはそうしたことから始めてみると良いのではないかと思います。

ただし、人間の発達が死と再生のプロセスで成り立っている以上、本質的な発達をもたらす実践というのは、既存の発達段階を手放すという意味での自己の死を見つめるものにならざるを得ません。

そのため、例えば過去の自分がどのような価値観を手放したのかについて内省してみることは、本質的な変容を促す実践になるのではないかと思います。

死から新たな発達段階への再生プロセスを考える

来世で平穏に生きられるように、現世で覚醒せよ

ニーチェ（ドイツの哲学者）

人間は肉に死んで甫《はじ》めて霊に生きることを得るのである

井筒俊彦（東洋哲学者・イスラム学者）

フランスの現代思想家バーナード・スティグラーは、現代社会が方向性を喪失していることに

対して強い問題意識を持っており、それはハンの問題意識と重なるものがあります。スティグラーもハンも、現代社会の方向性の喪失は、私たち個人の中で、死というものが感じにくくなっていることと関係していると指摘しています。

医療技術が未発達であったり、戦争が頻繁に起こっていたりすることによって死の重みを感じる機会が多かった時代においては、死というものが1人の人間の人生を規定するだけではなく、その人の行動や価値観の方向性も規定するものでした。

しかしながら現代においては、死生観の変化によって死が持つ意味が軽くなり、また医療技術の発達によって、死というものが身近なものに感じられにくくなっています。それによって、死というものが人間にもたらしていたある種の方向付けの機能が弱体化し、それがただでさえ複雑性が増している現代社会の方向性をさらに見えにくくさせている可能性があります。

アルメニア出身の神秘思想家ジョージ・イヴァノビッチ・グルジェフはかつて、現代人は欲望に従う形で日々を生き、死の意味や命の大切さを含めた真理を見落としているという意味で「現代人の魂は眠ったままになっている」と指摘しました。そして人の成長を生死に喩え、「人は誰しも生まれてくるのだが、本当に生まれてくるためには一度死ななければならない。そして、真に死ぬためには目覚めなければならない」と述べています。すなわち、私たちが既存の価値観や世界観を手放し、真に成長を実現するためには、社会が強要してくるものの見方を冷静に捉えることができなければならないということです。
前述の通り、健全な発達には健全な自己批判に加えて、その発達段階を十分に体験した後に手放すことを通じて、新たな発達段階に再生していくというプロセスがあります。その性質を考えてみると、スティグラーとハンの指摘のように、死の重みが軽くなり、死を身近に感じられにくくなっていることは問題であり、グルジェフが述べるように、それは私たちの真の目覚めを妨げることになります。

しかし、現代社会を生きる私たちの魂が眠ったままになっているというよりも、ひょっとしたら、私たちの魂は文明の力によって眠らされたままにされているという見方もできるのではないかと思います。
まさに、現代の資本主義は人間の欲望に着目して生産と消費を煽り、私たちの欲望を加速させることを通じて、本来直視しなければならない死の意味について考えさせることから私たちの目を背けさせているのです。

神学の観点からマネーの内在性質を探究する「マネー神学（theology of money）」の分野で著名なノッティンガム大学教授（宗教及び哲学）フィリップ・グッドチャイルドは、資本主義における経済活動は、人間の欲望によって作られた共同幻想によって成り立っていると指摘しています。

残念ながら、人間の欲望をなくすことはできません。理想的には、人間の欲望を生産と消費に向けるような広告ではなく、欲望を脱生産や脱消費に向けるような広告を打つことができればよいのですが、現代においては全く逆に、インターネット上で私たちは絶えず生産や消費を煽る広告に晒されており、リアルの世界においても電車内や街中には至るところにそうした広告が見受けられるのが実情です。

まるで私たちは、「広告社会」の中に生きているのかと思ってしまう世の中で、絶えず広告に晒され続けている状況がもたらす精神的疲労というのも見過ごせないでしょう。

このような形で、過度な生産や消費を煽る刺激によって、私たちは眠っているというよりも、歪な形で覚醒している状態であると述べることができるかもしれません。

そうした状況を鑑みて、私たちは今一度、疎遠になりつつある死の意味を再考し、人間が人間たらんとする時に最も重みのある死というものを改めて見つめ直してみる必要があるのではないでしょうか。

真の意味での成長を実現するためには、自分がどのような理由で死を恐れ、今の自分の価値観を手放すことによって生じる何に恐れを持っているのかを内省することが大切になります。

第2部

透明化する社会への処方箋

怪物の透明化こそが現代の奇怪さと恐ろしさである

ギュンター・アンダース（ドイツの哲学者・詩人）

第4章

デジタル環境下における管理社会

貨幣尺度ではなく「生」の充実こそ善であり富である

福田徳三（経済学者）

ありとあらゆるものが可視化される社会

ハンは、〝The Transparency Society〟（『透明社会』、邦訳：花伝社）という書籍の中で、現代社会はますます透明になっていると説きます。端的には、「新自由主義が蔓延《はびこ》るこの社会においては、私たちの心や行動などのありとあらゆるものが計測され、可視化される状態を指して『透明社会』」という趣旨のことを述べています。

ハンは、計測と可視化を通じて実現される透明性は、さらなるデータをもたらし、新自由主義の推進装置として働いており、感情といった目には見えない事柄なども全て情報に変えてしまう形で機能していると批判しています。そのような透明性は新自由主義のイデオロギーでもあるとハンは指摘しています。

もちろん、私たちの社会は本来、信用で成り立っているので、その信用を裏切るような不正を暴く意味で、透明化しなければならないこともあるでしょう。例えば、不正会計を防ぐための情報の透明化や、使途が不明な政治資金を透明化することなど、重要な事柄はあります。

しかし現代社会は、必要な透明化の境界線を超えて、ありとあらゆることを透明化しようとする方向に向かっていて、ハンはそのあり方を批判しています。

そして、なんでも可視化しようとする社会の姿を「ポルノ社会」と表現しています。

可視化の最たる例は、GAFA企業（Google, Amazon, Facebook, Apple）が行っているような、テクノロジーを活用した私たちのありとあらゆる行動のデータ化が挙げられます。**そうしたデータ化は、私たちの成長を取り巻く事柄にも影響しています。**

例えば、企業社会の中では昨今、私たちの能力や成長を可視化することが積極的に行われています。企業人として働いたことがあれば、必ずどこかのタイミングで何かしらのアセスメントを受けたことがあるのではないでしょうか。それは入社の段階での選抜試験を含め、性格診断やマネジメントの適正試験など、枚挙にいとまがありません。

私自身が人間の能力や成長を可視化する研究やアセスメントの開発に携わっていた経験からすると、能力や成長を可視化することの意義があることは確かです。

例えば、以前私が在籍していた米国マサチューセッツ州の人材に関する発達研究機関レクティカ（Lectica, Inc.）では、米国諜報機関CIAや、米国国防総省の情報機関NSA、そしてアメリカ全土を統括する警察機関FBIといった組織をクライアントに持っていました。そこでは、組織のメンバーの能力開発を実現するために、彼らが実際に発揮している能力のレベルと求められる課題解決のレベルを測定することによって、両者の齟齬が明らかになり、問題が可視化され、組織として共通認識を持ちながら、その課題解決に取り組むことが実現されました。

しかしながら、ひとたび能力が可視化されると、私たちはどうしてもその能力ばかりに目が向きがちになり、その能力を高めることに躍起になったり、自らの高い能力を「表示価値（display value）」として周りの人に誇示したりする現象が生まれます。

能力を過度に可視化することは、ハンの言葉を借りれば、「能力をポルノ化」することに他なりません。私たちの成長という事柄を取ってみても、そのような問題がこの社会には存在しているのです。

人材のグローバル化と人材の流動化の落とし穴

そもそも、なぜ新自由主義的社会は、過度な透明化を推し進めようとするのでしょうか。

端的には、新自由主義的資本主義は、可視化されていないものを商品化することはできず、取引することもできないので、いかなる手段を通じても可視化しようとします。そして、可視化した「表示価値（見てくれの価値）」をとにかく最大化しようとする性質も持っています。

この点は、前述の成長疲労社会の問題とも密接につながっていて、社会は私たちに過度な透明化を突きつける一方で、私たち個人は社会の要求に盲目的に従う形で、社会で評価される種々の指標や性質を高めることに躍起になります。

ハンは、「現代人は自分が裸になっていることに気づかないばかりか、ビッグデータやアルゴリズムを活用する企業の操り人形に成り果てている」と指摘します。

新自由主義的資本主義は、「グローバリゼーション」という1つの大きなテーゼを掲げます。グローバリゼーションの波は人材開発の領域にもすでに押し寄せており、人材のグローバル化のために種々の試みがなされています。

その中で、世界で通用する人材を育てるために、様々なアセスメントが活用されるのですが、前述の通り、そこには大きな問題が孕んでいます。

例えば、「人材の流動化」というのは、まさにハンが指摘するような聞こえの良い肯定性に満たされた言葉です。その言葉は、新自由主義的資本主義を人材開発の領域で推し進める上で格好の餌食になります。

なぜなら、新自由主義的資本主義が重視するグローバリゼーションを実現する上で境界線や壁というのは邪魔になり、これは人材開発の話で言えば、可視化されないものは新自由主義的資本主義にとっては境界線や壁のようなものだからです。

もちろん、人材の流動化を促す必要のある業界や職種もあるでしょうし、人材の流動化の効用もあるでしょう。

ですが、人材開発を取り巻くより大きな文脈を見据え、なんでも可視化させようとする新自由主義的資本主義の性質を理解しておかなければ、人材は単なる交換可能なデータや物に置き換わってしまうでしょう。

コラム7

可視化とアセスメント

先述した人材に関する発達研究機関レクティカでは、とりわけリーダーの意思決定に関する種々の能力を可視化し、それに基づいた人材開発プロジェクトを進めていました。意思決定をする際には、例えば、多角的な視点を取ることができるという「視点取得能力（perspective taking ability）」、他者と円滑に協働できるという「協働能力（collaborative ability）」、物事の文脈を捉えることができるという「文脈思考能力（contextual thinking ability）」など様々な能力が関与します。

そうした能力を可視化するアセスメントとして、レクティカは〝Lectical Decision-Making Assessment（通称ＬＤＭＡ）〟を開発しました。これは、組織のリーダーが具体的に直面するケースを想定し、いくつかのシナリオが用意されていて、そのシナリオに対して複数の問いがあり、自由記述式に回答していくものになります（このアセスメントやその大元になっている理論については拙著『成人発達理論による能力の成長』で詳述しています）。

ＬＤＭＡのデータを分析していて興味深かったのは、ハンが指摘することと合致する現象があったことです。端的には、**大量に情報を持っていることが良質な意思決定を生むとは限らないということです。**

レクティカでの研究を通して気づいたのは、良質な意思決定をする際に重要なことは、情報の多寡ではなく、まず第一に情報を眺める視座の高さであり、その次に重要なことは、得られた情報を課題に応じて明瞭かつ堅牢に組み合わせていくことでした。

レクティカでの研究がひと段落した後に、私はオランダのフローニンゲン大学に在籍して、人間の能力や知性の発達の研究を続けました。そこには、通称「フローニンゲン学派」と呼ばれる研究集団があり、彼らは応用数学の「非線形ダイナミクス（nonlinear dynamics）」や「複雑性科学（complexity science）」と呼ばれる学問領域の理論や分析手法を通じて、人間の能力や知性を数式モデルで表現し、様々なシミュレーションをしながら、能力や知性の発達プロセスやメカニズムを解明する研究を行っていて、私もその研究に従事していました。

その研究を通じて、能力や知性を可視化し、数式モデルで表現してシミュレーションを行うことによってもたらされる発見事項があることに価値を見出しながらも、定量化の限界を感じたのも事実です。

むしろ私は、定量化を推し進める研究に没頭していたことを通じて見えてきた、定量化することに馴染まない、生きる意味や霊性などの人間の側面に改めて強い関心を持ちました。それは計測不可能なものであり、仮に何かしらの手段で部分的に計測できたとしても、不可侵なものとして残しておくべき聖なる領域のようなものが私たち人間にはあるという気づきが芽生えたのです。

人間の命というのはまさにそうした不可侵かつ聖なるものでしょうし、それは私たちの能力や知性においても多分に当てはまるのではないでしょうか。

ハンは、なんでもかんでも可視化しようとする「ポルノ社会」を問題視する形で、「美しさの背後には、必ず秘匿的なものがある」と述べています。これを私たちの能力や知性の文脈で考えてみた時に、やはりアセスメントには限界があり、能力や知性に可視化され得ない領域が存在しているからこそ、私たちが発揮する本来異なる様々な能力や知性が美しく輝いて見えるのではないかと思います。

仮に、能力や知性が可視化される傾向が加速してしまうと、それらから秘匿さは剥奪され、美しさと輝きを失った形骸化した能力や知性がこの現代社会に跋扈するのではないかと危惧しています。例えば、生産性や効率性を高める能力や、お金を稼ぐ能力などの偏った知性ばかりが注目される世の中になってしまうのではないかと思います。

今この瞬間に目の前に見える輝く夕方の空も、聞こえてくる小鳥たちの清澄《せいちょう》な鳴き声も、計測可能性を超えたものであり、質的に私の心に訴えかけてくるものがあります。

私たちの世界には、自らの存在も含めて、決して定量的計測可能性の範疇に入れてはならないものがたくさんあります。それなのに現代社会は、新自由主義的な発想の下に、全てを計測対象とし、管理下に置こうとします。これはとても危険なことだと思います。

こうした潮流に抗うためには、この世界で計測可能性を逃れているものを発見し、それを守っていくことをしなければならないのではないでしょうか。

自己の何かしらの側面や人生が計測可能性の波に飲み込まれているのであればそれに気づき、そうしたあり方を正していくこと、計測不可能な事柄の発見と尊重をしていくこと、それを心から大切にしたいということを、過去の自分の研究や実践を振り返って思う次第です。

やってみよう！ 成長疲労への処方箋ワーク⑩

世の中には可視化して計測したほうが良いはずなのに、それが可視化されずに放置されているものがあります。

ご自身の関心領域に照らし合わせてみた時に、可視化して計測するべきものとしてどのようなものがありますか？

また、それはどういった理由から可視化するべきだと思いますか？

一方で、皆さんの仕事や人生において、可視化するべきでないものにはどのようなものがあるでしょうか？

それはどのような理由から可視化するべきではないと思いますか？

これらを考えることは、なんでもかんでも可視化して計測しようとする透明社会から自己や他者を守ることにつながるはずです。

新自由主義的社会と「他者」の視線

ハンは、精神分析家のジャック・ラカンの理論を引きながら、現代においてはもちろん同調圧力的な意味での他者の視線は残っていながらも、世界そのものから見られているという感覚はますます希薄になっていると指摘しています。

ラカンは、目には見えない形で社会規範や世間の眼差しのような形で私たちは俯瞰されていると無意識的に感じているとする「**大文字の他者**（the Other）」が常に人間の想像世界の中にあり、私たちの言動を絶えず見張っていて、私たちの行為にまるで価値判断を下すような形で存在していると述べています。

例えば、家でコップを割ってしまった時に、コップを割ってしまって、その損失を嘆くだけではなく、なんとなくばつが悪い気持ちを感じたことはないでしょうか。

ラカンの考え方を引けば、そこでは、コップを割って損失を被った残念さだけではなく、まるでコップを割ったところを「大文字の他者」に見られてしまったと感じるがゆえにばつの悪さを感じるという現象がもたらされると説明できます。

ところが新自由主義的社会においては、「大文字の他者」が機能不全に陥っているかのような形で、なりふり構わず利己的な振る舞いをする人が増えてきています。ゴミを平気で不法投棄する人を含め、人が見ていないのであればなんでもしていいかのような人が増加しているように見受けられます。

しかしハンは、現代の新自由主義的社会においては、物理的な次元では他者の視線を感じることが少なくなってきたとしても、情報を取り扱う次元では、私たちは常に「大文字の他者」の視線に晒されていると指摘します。

すなわち、以前は英国の法学者ジェレミー・ベンサムが言うところの刑務所内の独房全展望監視システムである「パノプティコン（panopticon）」のように、具体的な他者の視線を感じやすかったのに対し、新自由主義的社会においては個人同士のつながりが薄くなり、テクノロジーの発達によって、デジタルの世界で一望監視システムが構築され――ハーバード・ビジネススクール教授ショシャナ・ズボフの言葉で言えば、「監視資本主義（surveillance capitalism）」の到来――、他者の眼差しはビッグデータに置き換わったと指摘しています。

ハンはそのような現代社会の有り様を「デジタルパノプティコン（digital panopticon）」という言葉で表現したのであり、私たちは具体的な他者の視線をほとんど感じることなく、データとして包括的に監視・管理されるようになったと指摘します。

当然ながら、デジタルの世界においても、例えばＳＮＳを使う際には他者の視線を意識しているのですが、ハンが述べているのは、そうした誰かが特定できるような「小文字の他者［the other］」ではなく、誰か特定の個人に還元できないような「大文字の他者［the Other］」がデジタル的な存在になったと主張している点を汲み取ることが重要です。

デジタルパノプティコンもまた肯定性の色合いが強く、ベンサムが述べるような監獄としてのパノプティコンとは異なり、私たちは抑圧されることなく、一見すると自由を享受しながらＳＮＳなどのテクノロジーを使うことができます。

ところが、そうした見せかけの自由の背後には、私たちは常にデジタルパノプティコンの運営者にデータを提供していることになり、それが結局は個人の自由を制限し、時間やエネルギーの搾取につながるとハンは指摘しています。

デジタルパノプティコンを形成する先端的なサービスやテクノロジーの動向に注意深くあることは、デジタルパノプティコンの好餌になることから身を守るための最初のステップとしての実践になるでしょう。

崇高なものを侵食する透明化する社会

精神は、否定的なものを見据え、否定的なものに留まるからこそ、その力を持つ
ヘーゲル（ドイツの哲学者）

現代社会は、ハンの指摘するように、情報開示を過度に行う透明社会になりつつあります。そこにビッグデータやアルゴリズムを活用した定量化の流れが押し寄せてくることによって、様々なものがどんどん可視化されています。

可視化するべきものを可視化することは否定するべきではないですが、現代の可視化の流れはとにかく暴力的なまでに過剰です。ハンは、〝Topology of Violence（『暴力の地政学』、未邦訳）〟という書籍の中で、暴力の歴史を振り返りながら、「透明性を過度に推し進めることもまた、現代社会における暴力に他ならない」と指摘しています。

ハンは、透明性の暴力の犠牲者になっているものの1つとして、聖なるものを挙げています。ドイツの宗教哲学者ルドルフ・オットーは、「崇高で聖なるものは、私たちに畏怖の念をもたらす」と述べています。

ところが現代社会においては、畏怖心をもたらしてくれるものは喪失の一途を辿っていて、芸

術や宗教などの領域にまで透明化・可視化の魔の手が伸びていることが問題として挙げられます。この問題は、新自由主義的社会から他者性が喪失しているというハンの指摘とつながるものがあります。

端的には、偉大な芸術作品や雄大な自然などが感じさせてくれる聖なるものは、自分の存在を遥かに超えた大きな他者としてそこに佇むものであり、私たちはそうした存在との出会いを通じて、自分が何者であるかを認識したり、この世界とのつながりを感じてきました。

ところが現代においては、なんでも全て可視化していくという風潮の中で、私たちの個性とでも言うべき差異性が失われ、あらゆることが同質なものに変わってきています。

例えば、芸術作品に値段がつけられたり、死亡や病気に伴う保険サービスの開発では本来聖なるものであるはずの命にも値段が付けられます。そこでは、芸術作品の個性以上に、付けられた値段が大きな力を持ち、本来何ものにも代えがたい命の性質以上に、付けられた値段がものを言います。

こうした事例が示すように、本来数値化が馴染まない聖なるものが計測され、可視化されることによって、それらは同質的な存在となり、本来の聖なる力や重みを失ってしまったとハンは指摘しています。

偉大な芸術作品や雄大な自然といった崇高なものは、まず私たちを圧倒する形で、すなわち自分の理解の範疇を超えて、自分の存在が揺さぶられるような形で立ち現れます。ハンは、“Saving Beauty（『美の救済』、未邦訳）”という書籍の中で、現代のなんでもかんでも滑らかにする現象に対して批判を加えています。

例えば、スマホの画面の滑らかさや、ブラジリアンワックスなどの脱毛クリームもまた身体の滑らかさを促すものです。前述の、痛みや苦痛の話題と関連付けると、私たちの深層的な発達を促すのは、そうした肯定性に満たされた滑らかさではなくて、ある意味私たちの価値観や存在を揺さぶる異質なものなのです。そして、ハンが述べるように、そうした異質性は「否定性」という言葉に置き換えることができ、否定性こそが崇高なものの本質にあり、それは聖なるものの本質とも密接につながっています。

現代においては、ソーシャルメディアにおける「いいね！」を含め、肯定性に溢れていて、否定性がますます影を潜めています。否定性は過度に毛嫌いされ、心地良い滑らかさに社会が覆われ始めています。そんな時代においては、私たちの価値観や存在を揺さぶってくれる否定性を通じて立ち現れる崇高なものは絶滅に追い込まれ、私たちが崇高なものを通じて心を豊かにしていくことはますます難しくなっています。

崇高なものや聖なるものの復権のために、まずは身の回りに肯定性の産物としてどのようなものがあるかを観察してみるのは出発点として良い実践になるでしょう。

滑らかさが体現されたものがどれだけ身の回りにあるのかを観察することに加えて、現存している滑らかではないもの、つまり私たちの既存の価値観に相容れなかったり、存在を揺さぶってくれるような否定性の産物についても探す努力をしてみましょう。

もし幸運にも、自己の存在を圧倒するような崇高なものと出会えたら、それを大切にし、守っていく取り組みとしてどのようなことができるかを考えてみていただきたいと思います。

やってみよう！ 成長疲労への処方箋ワーク⑪

この半年か1年を振り返ってみて、自分の存在を圧倒するような崇高なものに触れた体験としてどのようなものがあるでしょうか？

私は2022年の秋に1カ月ほど日本に滞在し、いくつか崇高なものとの出会いがありました。

例えば、伊勢神宮に参拝した時に、天照大御神《あまてらすおおみかみ》を祀る内宮の美しさには大変感銘を受け、鎮守の杜の立派な木々にも畏敬の念を感じました。

また、東北地方と北海道に足を運んだ際には、その自然の豊かさには思わず見入ってしまいました。

そして最も感銘を受けたのは、北海道の新千歳空港から実家のある山口県の宇部空港に向かっている最中に見た瀬戸内海の美しさです。厳密には、幼少時代によく泳いでいた山口県光市室積《むろづみ》の海水浴場と両親が住む光市虹ヶ浜の双方の砂浜が上空から同時に見えた時、感極まるものがありました。

さて皆さんは自分の存在を揺さぶってくれるような偉大で崇高なものとここ最近出会ったでしょうか?

そうした存在との邂逅《かいこう》は、きっと自分の存在の奥深くに刻み込まれ、自らの聖性とこの世界に存在する聖なるものを守り、育むことにつながっていくはずです。

肯定性が蔓延する社会で否定性を大切にすることの意味

単一の徳の過剰は不徳に転ずる

ギリシャ・ラテンの格言

それではここで、成長疲労社会と透明社会を絡めて、現代社会を巣食う重要な問題を再度取り上げたいと思います。ハンが指摘するように、それは「肯定性の過剰と否定性の喪失」とでも表現できる現象です。

例えば、身近なところで言えば、前述のようにツルツルとしたスマホの画面や脱毛の流行などが挙げられます。

また、SNSにおいて、「いいね！（Like!）」のボタンはあるけれども、「よくないね（Dislike!：本来は「ひどく～を嫌う」という意味）」のボタンはないことにも、肯定性の過剰と否定性の喪失を見ることができます。

さらには、現代社会には聞こえの良い言葉がたくさん溢れていることも指摘してきました。透明化の問題と紐づくもので言えば、昨今注目されている「ＳＤＧｓ（Sustainable Development Goals：持続可能な開発目標）」「ＥＳＧ（Environmental, Social, and Corporate Governance）投資」「ＳＩＢ

（Social Impact Bond：ソーシャルインパクトボンド：官民連携の社会解決型投資）」「インパクト投資」なども、肯定性を帯びた言葉かつ実践です。

経済思想家の斎藤幸平氏が著書『人新世の「資本論」』（集英社新書、２０２０）の中で、「ＳＤＧｓは『大衆のアヘン』である！」と指摘しているように、まさに近年、企業や国家が打ち出す多くの肯定性を帯びた言葉や実践は、その言葉や実践の本質を考えることなく思考を停止させるという点で、アヘンのような作用を私たち個人や社会全体にもたらしています。

とりわけ前述の「ＳＤＧｓ」「ＥＳＧ」「ＳＩＢ」「インパクト投資」は、ハンが指摘する過度な透明化・可視化の産物のような具体例です。

米国の歴史学者ジェリー・ミュラーは、著書〝The Tyranny of Metrics（『測りすぎ　なぜパフォーマンス評価は失敗するのか？』、邦訳：みすず書房）〟の中で、現代人が計測することに取り憑かれていることを指摘するだけではなく、計測の過剰が種々の失敗や、例えば医者が手術の成功率を上げるために難しい症例の患者を避けたりするという悲劇をもたらしていることを指摘しています。

繰り返しになりますが、ここでは計測することそのものを批判しているのではなく、計測することの本来の目的から逸脱した過剰な計測主義・測定主義を問題視しているのです。

新自由主義的資本主義が好むのは、計測可能性、効率性、生産性です。確かに、前述の「ＳＤ

Gs」「ESG」「SIB」「インパクト投資」という言葉は、地球環境問題や貧困問題といった喫緊の問題を解決するために本来生まれたものだと思います。

しかし、**本来の目的を見失い、過度な計測主義・測定主義に陥ると、データを使って効率的・生産的に物事を急いで進めることに伴って、それらの言葉が思わぬ帰結を生み出す危険性があることを私たちは常に認識しておく必要があるのではないかと思います。**

アセスメントを良薬として活かすには

フランス現代思想家のバーナード・スティグラーは、いかなる理論や実践も、そしていかなるテクノロジーも、使い方次第で、それは毒薬にも良薬にもなることを指摘しています。これは、能力や知性を測定するアセスメントに関しても等しく当てはまる事柄です。

教育哲学者のザカリー・スタインは著書〝Social Justice and Educational Measurement（『社会正義と教育上の測定』、未邦訳）〟の中で、IQテストというものが本来の目的を離れて、いかにアメリカ社会で問題のある形で大規模展開されていったのかの歴史を記述しています。

IQテストを開発したフランスの心理学者アルフレッド・ビネーは、実は相当に注意深くIQ

テストを活用しようとしていました。ビネーは確かにIQテストという非常に限定的な尺度に基づいたアセスメントを開発したのですが、そもそも人間の知性がそのような単一的な尺度で測定できるほどに単純なものではないことを見抜いていたのです。

スタインの書籍で引用されているビネーの主張を読んでみると、知性の複雑性に対する正しい認識をビネーが持っていたことがわかりますし、ビネーはIQテストを活用する際には慎重を期すべきだという認識も強く持っていたことがわかります。

ビネーはそもそも、IQテストを通じて、精神的な年齢と実年齢の乖離を明らかにし、特別な教育を必要とする子供を特定し、そうした子供にふさわしい教育機会を提供することを目指していたのです。

つまり、ビネーは決して、IQによって子供たちを序列化したり、単にアセスメントをして終わりにするような発想を持っていなかったのです。

ところが、アメリカでは軍事関係者がいち早くIQテストに注目し、それをフランスから輸入し、徴兵選抜のために大規模に活用するようになりました。そこではビネーが恐れていたように、IQテストは単なる選抜のための――序列化のための――道具に成り果ててしまったのです。

そこからアメリカでは、日本における大学入学共通テスト（旧大学入試センター試験）にあたるS

ATや、大学院への選抜テストであるGREといったものが開発され、知性や能力の定量化とそれに基づく選抜が広く普及することになりました。

スタインの指導教官でもあった発達心理学者のハワード・ガードナーは、「いかなるアセスメントも絶えず政治的である」という発言を残しています。

まさにIQテストをはじめとする標準化アセスメントは、そもそも軍事目的で開発され、その背後には優生学的（eugenic）・能力主義的（meritocratic）・エリート主義的（elitist）な発想に基づく政治的な側面があることを見逃してはなりません。

標準化アセスメントは確かに、それがアセスメントであるがゆえに、必ず何かしらの客観的真実を開示します。しかしながら、それは絶えず私たちの能力や知性のほんの一部しか映し出していないことを念頭に置いておく必要があるでしょう。

イギリスの哲学者ロイ・バスカーの言葉を借りるのであれば、アセスメントというのは常に「部分的なリアリティ（demi-reality）」しか映し出していないことを見落としてはならないのです。

少なくともこうした認識を持っておくことが、アセスメントを毒薬ではなく、良薬として活用するために最低限必要なことなのではないかと思います。

コラム8

際限のない成長や達成に区切りを設ける

「終わり」という言葉を書ける勇気を持つ者だけが、「始まり」という言葉を書く強さを見つけることができる

禅の格言

資本主義における資本は決して休みません。それは絶え間ない増殖運動を続けます。その運動に完全に取り込まれることを阻止するために、観想的な休息を積極的に取ることの大切さについてはすでに述べました。

現代社会は、絶えず足し算的に連続していて、私たちをさらなる消費と生産に駆り立てます。そうした悪しき連鎖の存在に自覚的になり、自らその連鎖を断ち切るかのように、区切りを設けることの意義や価値を改めて問いたいと思います。

また、仮に連続性の中を生きるのであれば、それは絶え間ない生産や消費に縁取られた連続性ではなく、聖なるものや永遠を感じさせてくれる連続性の中で生きたいものです。

そのためには、私たちの内側にある詩人性（詩人としての性質と可能性）を取り戻すことは非常に重要であり、美の世界に開かれたあり方を涵養していくことが大切かと思います。

いずれにせよ、まずは際限のない成長や達成に向けて駆り立てる現代社会の中にあって、何かに区切りを自ら付けることから始めてみるとよいのではないかと思います。

逆に言えば、私たちは区切りを付けないから――付けられないから――、際限のない駆り立てに巻き込まれるという側面があるでしょう。ハンは、現代人は絶えず走って回転するハムスターであるだけではなく、自分自身がその歯車であることにほとんどの場合気づけていないと指摘しています。

つまり現代人は、果てしない駆り立ての主体であると同時にその仕組みそのものでもあるのです。

新自由主義的資本主義は、終わりや区切りをひどく嫌います。そこでは、絶え間ない生産と消費を最も尊ぶので、社会の仕組みとして、終わりを設けることや区切りを設けることがますます難しくなっているのです。人間の死でさえも延長され、その延長過程においてはマネーが絶えず媒介されます。

また、ひとたび死を迎えても、その弔いの儀式さえもが金銭獲得のために行われるようになっている現実があり、人は死んでもマネーの対象であり続け、マネーは死後も追いかけてくるのです。

マネーの増大のために絶え間ない生産と消費に私たちを駆り立てる新自由主義的資本主義に対し、私たちは区切りを付けること、終わりを設けることの意義や価値を再考するべきではないでしょうか。

例えば、最近私自身が区切りや終わりを感じた体験を振り返ってみた時に、すぐさま旅が思いつきました。旅は、終わりを感じさせてくれる素晴らしい機会を提供してくれます。

もちろん現代においては旅もまた、新自由主義的資本主義に多大な影響を受けていますが、旅は少なくとも私たちに、日常の終わりと非日常の終わりを感じさせてくれます。旅を始める際には、旅は私たちの日常を一旦宙吊りにしてくれます。

すなわち、旅は日常に一旦区切りをつけることによって、私たちは旅の非日常世界に入っていけるのです。

また、旅が終わりに近づく頃、非日常世界の色合いが薄まっていくことを感じたことがある人も多いのではないかと思います。そこでは旅という非日常の終わりを感じ、実際にその終わりを設けることによって、私たちは再び新たな日常に戻っていけるのです。

旅を通じて、このように終わりや区切りを感じることは、新自由主義的社会における絶え間ない生産と消費の連鎖から距離を取り、生の意味や自らの実存性を回復する最良の手段の1つになるのではないかと思います。

透明化する社会の中で失われるもの

ハンは、透明性を過剰に推し進める新自由主義的社会は、生産性や効率性と相容れない儀式的なものを嫌うと指摘しています。

企業社会を例に取ると、入社式などの各種の式典は儀式的なものに該当します。それらの式典を生産性や効率性という観点だけから眺めると、確かにそこで行われていることの非生産性や非効率性に気づくでしょう。

しかし、そうした式典を生産性や効率性という観点だけから捉えることは早計であり、それが会社の伝統を守る型として機能していたり、社員の一体感を生む型として機能していたりするという価値を持っている場合があります。

その他にも、非常に身近な例で言えば、神社に参拝するに際して、まずは神社内の手水舎《てみずや》で手を清め、心を静めながら参道を歩き、神前にてお賽銭をお供えしたのち、二礼二拍手一礼をします。この時に、手を水で清めることをせず、二礼二拍手一礼をすることもしないでお金だけを賽銭箱に投げ入れることによって、一体何人の人が神社が持つ宗教的な力を感じられるでしょうか。

ハンは、失われゆく儀式の大切さについて解説した〝The Disappearance of Rituals（『儀式の消失』、未邦訳）〟という書籍の中で、儀式には自我の働きを一時的に停止させ、私たちを自我の囚われから脱却させてくれるような力があることを指摘しています。

現代の自我肥大化社会において、儀式は非常に重要な役割を果たすことがわかりますが、問題はそうした儀式が消失の一途を辿っていることです。

そこで求められるのは、少なくとも私たち一人ひとりが、儀式の意味と意義を再考することなのではないかと思います。

儀式には、型が持つ特殊なエネルギーが内包されています。それは今述べたような自我の働きを緩め、自我の囚われから脱却させてくれるような力に加えて、共同体形成を促すような結束力も持ち合わせていることは見逃せません。

そうした力は、多分に祭りの持つ力と似ています。現代は、ＳＮＳの「いいね！」のボタンを押して安易に進められるような民主主義に堕してしまっただけではなく、「祭りごと（政《まつりごと》）としての政治」も堕落の危機に瀕しています。

過度に画一化し、絶え間なく流動的に流れていく現代の時間の中で、固有の時間を生み出すものとしての儀式の存在価値も見出せます。儀式はまるで、固有の時間を生み出す玉手箱のようなものであり、同時にそこで生み出された時間が箱のように1つの形となります。儀式に参加することは、そうした箱に包まれ、守られながら、そこに流れる固有の時間を味わうことを可能にしてくれます。

もちろん、既存の何かしらの儀式に参加したり、それを守っていくことができれば良いですが、重要なのは、儀式の本質に則り、現代の新自由主義的社会で流れている時間とは異なる時間の流れを持つ実践に従事してみたり、生産とは直接結びつかないような活動に従事してみることだと思います。

他者性を回復することの重要性

バーナード・スティグラーは、「自己の存在を保つために、他者の存在が必要である」と述べています。他者の存在なくしては自己の存在はないというのは当たり前のことのように思うかもしれませんが、それをハンの主張と関連付けてみると、非常に重要な問題を示唆していることがわかります。

ハンは、「新自由主義的な現代社会においては、ますます他者性が喪失しており、それは自己喪失を伴うものである」と主張しています。

言い換えると、見たいものだけを見て、見たくないものを避ける現代社会においては、自分の価値観と相容れないような価値観を持つ人や出来事と遭遇することが困難になり、それらとの出会いは本来私たちの既存の価値観を打ち壊して、より成熟した価値観を獲得するための貴重な存在であったということです。

透明化が進む社会の中では、人や出来事は可視化できるデータ情報に置き換わってしまい、またコロナの影響によって他者の身体性を感じられるようなコミュニケーションの機会も著しく減少してしまいました。そのような状況を鑑みると、現代は他者性の回復が急務であるかのように映ります。透明化する社会の中にあって、自分の存在もまた、ますます透明なものとなり、自分という存在の意味や生きることの意味といった自らの実存性を感じられなくなってきているのではないでしょうか。

そうした意味において、「他者の存在なくしては自己の存在はない」というスティグラーの指摘に立ち返り、他者性の回復を通じて自己の回復を図り、自己と他者の相互依存関係を回復していくことが求められるように思います。

そして、そうした相互依存関係の回復が、健全な共同体が育まれていく土壌の醸成につながり、現代社会における共同体の存在の危機の問題にも一石を投じることができるのではないかと思います。

ハンは、〝The Agony of Eros（『エロスの苦悩』、未邦訳）〟という書籍の中で、「他者性の回復において重要なのは、エロス的体験を積むことである」と述べています。それは性的な体験には換言できない重要なものです。

端的には、エロス的体験とは、自分の自我の殻から外に出るという「脱自的体験」のことを指します。言い換えれば、自我の囚われから解放され、自我が溶解して、目の前の存在と一体となるような体験のことです。それはもちろん相手が人間の場合もあれば、芸術作品の場合もあり、さらには自然の場合もあります。

例えば、合唱を通じてメンバーと強烈な一体感を感じた経験、我を忘れさせてくれるようなオーケストラの演奏を味わった経験、雄大な自然と自分が一体となっているような経験をしたことがある人も多いのではないかと思います。

他者性が喪失する現代社会において、自分以外の人と同じ時空間を共有して一体となるようなエロス的体験がますます得られにくい時代になってきていることは確かです。

エロス的体験を積むためには他者が必要であり、他者性を回復するためにはエロス的体験を積む必要があるというトートロジカル（同語反復）な構造があるのですが、**自らが他者にとっての他者である存在としていられるかどうか、すなわち、他者に対してその人の今の価値観や存在を揺さぶるような存在でいられるかどうか、というのは非常に重要なことかと思います。**

これは何も、目の前の相手に対して自分の主義主張を押し付けるという話ではなく、自分の固有の感性や体験、そして自分固有の歴史や価値観を大切にし、他者のそれらを尊重した上で、お互い異質な存在としていられるかどうかという話です。

現代は、ハンが指摘するように、過度なデータ化を通じた透明化の進展によって、私たちの存在はますます個性を失い、同質なものになっています。そうした流れに対抗するためには、今一度、私たち自身がデータに還元できない性質を自分の内側に見出し、他者の中にもそれを見出していくことが大切な実践となります。

そうすれば少なくとも、同質な存在として馴れ合うことから距離を取ることができ、お互いが異質な存在として、お互いの価値観や個性をさらに深めるような関係性が結べるのではないでしょうか。

コラム9　武術と他者性

オランダは、格闘技が盛んなことでも有名です。そんなオランダで私は、元K-1ヘビー級王者ピーター・アーツやアーネスト・ホーストのトレーナーを務めていたロビン・ファーダー氏に師事して、「ジークンドー（截拳道）」と呼ばれる武術のプライベートレッスンを受けています。

日々ジークンドーの鍛錬を行う中で、ジークンドーを含めた武術鍛錬の中に内包されている現代的な意義や価値というものを見出しています。


まず最初に、武術と成人発達理論を関連付けると、確かに人間の発達において、目の前の出来事や現象に対して解釈を加えて、意味を求めることは重要であり、私たちは絶えず意味を構築することを宿命づけられているのですが、武術の稽古中においては、意味を求めることを手放すことが強制的に求められる瞬間がたびたびあります。

相手の攻撃に対して、逐一思考を働かせ、こちらの攻撃を頭で考えながら繰り出すというのは、武術の世界においてはナンセンスです。そのようなことをしていたら、相手にいとも簡単にやられてしまうからです。

まさに武術は、意味を求める衝動を一度括弧で保留してくれるような機会を提供してくれ、意味でがんじがらめになりがちな私たちの心を解放してくれる価値を有しています。

そして、本文の内容と絡めるのであれば、武術の稽古中には、そこに確かに自分ではない他者がいるという感覚、さらには、自分ではない他者と対峙しているという実存的感覚が明瞭なものとして立ち現れます。自分の価値観や存在を揺さぶってくれる他者を見出すことや他者を感じ取ることが難しくなっている新自由主義的な現代社会において、武術的鍛錬がもたらす他者との出会いと、それを通じた自己の存在感覚の回復というのは、非常に重要な意味を持っているように思います。

目の前に自分ではない他者がいて、その存在と真剣に向き合うことによって、「自分ではない何者か」の存在をこちらに感じさせます。それを通じて自己は、自らが何者であるかを知るきっかけを得ることになるように思うのです。

ハンは、自己と他者との間に境界線がなく、全てを自分の利益になるように利用しようとする自己愛は病理的であると指摘しています。

一方、健全な自己愛は、適切な境界線というものが自己と他者との間に引かれていて、他者の固有の存在を尊重しながら、同時に自分のこともまた尊重するという性質を持っています。

武術の稽古の現場においては、健全な境界線の線引きが自分と他者との間でなされるのと同時に、熟達すればするほどに、病理的な形での境界線の溶解現象ではなく、ある種エロス的な形での、すなわち脱自的な形での境界線溶解現象が起こります。

それは合気道で言われるところの、まさに相手の気と合致するという意味での「合気」が体現されたような現象ですし、また別の表現で言えば、「天地一体の感覚」とも言えるでしょう。

繰り返しになりますが、注意点として、この現象と病理的な自己愛が持つ境界線溶解現象とをきちんと区別することが重要になります。病理的な自己愛においては、単に自己と他者が未分化な状態であり、適切な分化を経ていません。病理的な自己愛者には、他者との分化をするための能力がなく、相手を無視して全てを自分に引きつけて考えてしまいます。

一方で、武術の熟達者が見せる自他の一致現象とは、自己と他者の分化を経ての融和の状態であり、両者は次元が全く違う現象なのです。

ジークンドーのトレーナー、ロビンさんとのセッションを振り返りながら、そこにはロビンさんという他者が紛れもなく存在していて、彼と対峙することを通じて、目の前に自分ではない他者が存在しているという感覚と共に、逆にそれが自分の存在の輪郭を浮き立たせ、自己の実存感覚が研ぎ澄まされたような感覚に陥ったのを思い出しました。

このように、他者性が喪失する現代社会の中において、武術の鍛錬に励むことは、見逃すことのできない価値や意義を帯びていると言えるように思います。

情報が肥大化し、ナラティブが失われる透明社会

ハンは透明社会においては、洞察や叡智と呼ばれるものはますます失われ、見たい情報や聴き心地の良い言葉が蔓延し、それは拡大の一途を辿っていると指摘しています。情報は、新自由主義的資本主義を拡大させる上でなくてはならないものであり、新自由主義が肯定性を好むという都合上、情報もまた肯定性の産物と成り果てます。

繰り返しになりますが、否定性というのは、私たちの価値観や存在を揺さぶる異質性を突きつけるものであるがゆえに、私たちに痛みやハッとさせるような洞察をもたらすものです。

逆に言えば、現代における情報は肯定性に基づくものであり、私たちの既存の価値観で十分に理解可能で、価値観や存在を揺さぶるようなものでは決してないために、私たちは情報を得ても大してハッとしないのだと思われます。

現代は肯定性の産物である情報に溢れていて、それは裏返せば、私たちの価値観を変容させてくれるような洞察を喪失した社会だと言えるでしょう。そんな社会にあって、ハンはナラティブ（物語）の力の大切さを説きます。

私たちはある意味、新自由主義的資本主義が掲げる、例えば「成長することは良いことだ」「可

視化することは良いことだ」という大きなナラティブの中に生かされているという側面があります。

そうした状況の中で、私たちは自分自身のナラティブを回復させ、それを育んでいくことが求められます。すなわち、社会の価値観に埋没するのではなく、自分自身の価値観を見出し、それを育んでいくことが求められているということです。

発達心理学者のロバート・キーガンは、「人間は何に対しても絶えず意味を汲み取ろうとするがゆえに、絶えず意味を生み出すことを宿命づけられた生き物である」と述べています。これは言い換えると、私たち人間は目の前の現象や出来事に対して絶えず意味を見出しながら物語る存在であると言えるのではないかと思います。

逆に言えば、自分固有の物語を喪失するということは、人間性の喪失を意味しているように思えます。

また、ナラティブは、ハンが指摘するように、それが単なる情報と違って素通りできるようなものではなく、私たちをそこに留まらせてくれる性質を持ちます。小説に没頭したことがある人であれば、小説には固有の時空間がそこに存在していて、そこに広がる豊かな時空間に浸っていると、あっという間に時間が過ぎていたという体験をしたことがあるのではないでしょうか。これはまさに、ナラティブが持つそこに留まらせてくれる力のなすわざです。

無数の情報が忙しなく行き交う世の中にあって、私たちをそこに留まらせてくれる力を持つナラティブは、観想的な生を営む上でも不可欠なものになります。

さらには、「ナラティブセラピー（物語療法）」にあるように、私たちは自分の物語を語ることによって、感情的な治癒や精神の浄化、そして自己の変容が促されることがあります。

新自由主義が私たちに押し付けてくる過度な達成や成長を煽る物語ではなく、自分の人生にとって何が最も大切なことなのか、何が最も意味のあることなのかを問い直し、そこから自分独自の物語を紡ぎ出していく実践は、自分固有の人生を歩んでいくことを大きく後押しするのではないかと思います。

「自ら問いを立てること」と成長・発達の連関

答えは、いつも問いについてくる。すなわち、問うことが、答えることなのである

鈴木大拙（仏教哲学者）

問いに晒されることは、実存に目覚めることである

キルケゴール（デンマークの哲学者）

答えを見つけようとしてはならない。問いの中を歩め。そうすれば、いつか答えの中を歩んでいる自分に気づくだろう

リルケ（オーストリアの詩人）

私たちの成長・発達において、自らの価値観や思考の枠組みを冷静になって眺め、それらの価値や限界を問うというのは極めて重要な役割を果たします。そのような問いを立てることは、創造的な営みでもあり、私たちはそうした創造的な行為を通じて、自分の新たな側面に気づいたり、これまでの自分を乗り越えていったりすることができます。

しかし、私たちの多くは過去より自分が受けてきた教育の中で、自ら何か問いを立て、問いの解決に向けて自主的に取り組む訓練をさほど受けていません。

そのため、外側から与えられた問いを解こうとするのではなく、自ら問いを立て、自分の問いに取り組むことが、成人以降の発達において決定的に重要なことになります。

ここでさらに重要なことがあります。

確かに、自ら問いを立て、その問いと向き合うことは重要なのですが、多くの人は問いに答えることに躍起になりがちです。そして、問いにすぐさま答えられないことを嘆いたり、不安に思ったりする人が多く見受けられます。

私たちの成長には、通称「発達課題」と呼ばれるものがあります。これは、向き合ってすぐさま解決されるようなものではなく、むしろ長大な時間にわたりその課題と向き合うことを通じて、「私たちが課題を解決する」という形ではなく、「課題が課題自身を解決する」という形で解決されていくものです。

端的には、**問いを立てることや問いと向き合うことの重要さに加えて、問いが問い自らを解決していくプロセスに自己をどれだけ引き渡せるかが重要になるということです。**「課題が課題自身を解決する」あるいは「問いが問い自身を解決する」という現象は、皆さんも体験しているのではないかと思います。例えば、自分が何に適性があり、何をしたいのかわかっていない状態が長く続いていたけれども、ある日突然ふと、自分がこの人生で何をしたいのかが雲が晴れるかのように明らかになり、使命に目覚めるという事象を挙げることができます。

新自由主義的社会は、とにかく効率性を求めます。そこではできるだけ時間を短縮して、時間がかかるものを極度に嫌う傾向が見受けられます。その流れに飲み込まれてしまうと、本来時間をかけて行わなければならない大切なことを見失ってしまいます。その中でも極めて重要なものが、私たち自身の成長・発達であり、課題や問いが自らを解決していくために、心にゆとりを持つことと時間をかけることです。

何かの縁によりその瞬間に生まれた問いには、固有の命が宿っていると言えるかもしれません。1つ1つの問いには生命が宿り、それはゆっくりと時間をかけて育まれていくものなのです。

オーストリアの精神科医かつ心理学者のヴィクトール・フランクルが述べたように、私たちは生きる意味を問う存在ではなく、人生から問われる存在です。新自由主義的社会においては、肯定性に加えて、生産と消費に私たちを駆り立てるために、能動的であることを絶えず良しとします。そこでは、問いを立てるという能動的な行為が称賛されるかもしれません。

しかし、私たちはあえて、問いに関して受動的である態度を育んでいく必要があるように思えます。すなわち、私たちは「問う者」としての自己から、「問われる者」としてのあり方を確立していく必要があるように思うのです。**この人生や世界に対して何を問うかではなく、この人生や世界から何を問われているのかを静かに内省することは、新自由主義的社会を生きていく上で、そしてそうした社会を変容させていく上で非常に大切なことなのではないかと思います。**

大空に浮かぶ雲の流れをぼんやり眺めていると、しばらくして雲が随分と遠くに移動していることに気づくことがあります。大海原に浮かぶ船の進む様子をぼんやり眺めている時にも同じようなことが起こります。またそれは、土に植えた種が、いつの間にか芽を出し、花を咲かせている光景にも重なるものがあります。

そこでは、私たちが気づかないところで進行している何かがあり、それは問いに関しても全く同じことが当てはまるように思います。

問いは自らを進めていく形で、自らに答えていきます。答えを与えるのは私たちではなく、問い自身なのです。そして問いは自らに答える形で、また私たちに新たな問いをもたらします。それは、私たちの成長や発達にとって不可欠なものであり、まるで贈り物のような存在です。

自分固有の問いを立てることや、自分の人生や世界から何を問われているのかをじっくり内省することを良しとしないこの新自由主義的社会の中で、問いというのは私たちの人生における羅針盤のように、私たちを良き生へと導いてくれる力を持っています。そうした問いを大切な存在として守り、育んでいく必要があるのではないでしょうか。

やってみよう!

成長疲労への処方箋ワーク⑫

今回のワークはシンプルです。それは、今、皆さん自身が問われている問いは何かを明らかにすることです。

「自分が問われている問いを明らかにする」ことはそう簡単ではないかもしれません。なぜかというと、往々にして自分にとって大切な問いほど明確な形を持たない場合が多いからです。

可能な方は今ご自身が問われている問いを言葉の形にしてみてください。

それが難しい場合は、目を閉じて、自分が今この世界から何を問われているのだろうかと感じてみるだけでいいでしょう。


重要なことは、そうした問いを発見するための時間を取ることであり、問いが言葉の形になってくるための心のゆとりを持つことです。

おそらく、このワークを一度行うだけでそうした問いを見つけられる人は少ないかもしれません。

ですので、このワークは、日々の生活の中でふとした時に取り組んでみてください。

「自分は一体この人生の中で、この世界から何を問われているのだろうか？」

この言葉を胸に、日々の生活を送ってみてください。

透明社会における多様性尊重の問題

現代社会に蔓延している肯定性の意味合いを帯びた「心理的安全性」や「レジリエンス」といった言葉や「ＳＤＧｓ」や「ＥＳＧ」といった現象についてはこれまでいくつか紹介してきました。

昨今、組織開発の現場では「ティール組織」「ウェルビーイング経営」「人的資本経営」といった言葉や現象が流行していて、それらもまた前述の危険性を帯びています。

ここではそうした危険性に加えて、新自由主義が推し進める同質性の問題とは一見対極にあるような「多様性尊重」の問題について取り上げていきます。

今、社会では、教育や企業の現場で、「多様性を尊重しよう」ということが頻繁に叫ばれています。しかしそれは往々にして、多様性を**尊重しなければならない**というメッセージとして私たちにのしかかり、「多様性を尊重しよう」という標語が無味乾燥に唱えられることがあります。

本来、そうした現象に違和感を覚えることが健全な感覚だと思うのですが、逆にその標語に完全に同意しない人たちを異質な存在として弾き出し、結果として、多様性を尊重するとはどのようなことなのかという本質的な意味を汲み取らない同質的な人たちが集まるという現象があったりします。

これを成人発達理論の観点で述べるならば、現在の多様性尊重の機運は、社会の規範や価値観に忠実に従う「**慣習的段階**（conventional stage）」の行動論理に立脚していると言えるでしょう。この段階においては、掲げられた言葉を表面的に受け取り、深い内省を行わないままに言葉を鵜呑みにして理解します。

一方、そうした段階を超えて、社会の規範や価値観を冷静になって眺めることができる「**後慣習的段階**（post-conventional stage）」に到れば、多様性という言葉に囚われることなく、その言葉が生み出された背景も含めて、多様性という言葉の意味を重層的に解釈することができます。

現代社会は、多様性を尊重するという看板を掲げて、価値観や意見の画一化や平準化を推し進めていくことにより、社会全体がますます同質的なものになっています。

これは、新自由主義的資本主義にとって好都合な状況を私たちが自ら作り出していることも意味します。

私たちの成長・発達を実現する際に、「異質な他者との出会い」は不可欠です。これは前述の「他者性の喪失」にも関わる非常に重要なテーマであり、少なくとも私たちは、現代社会でもてはやされている言葉に安易に飛びつくのではなく、その言葉の背景やコンテクストを捉え、肯定的な言葉に踊らされないようにする必要があるのではないかと考えます。

こうしたあり方で社会を生きることはまた、本当の意味での多様性を尊重することにつながり、他者性の回復を含めた、様々な効果のある実践となり得るのです。

コラム10

短期記憶と長期記憶の考察

あなたは永遠に生きる。愛するものと共有した記憶の中で

ヨガの教え

地球は回転し、人と人を近づける。地球は自転し、私たちの中で回る。夢の中で私たちがひとつになるまで

ヴェネズエラの詩人

私は、キリスト教圏である欧米社会で10年間ほど生活をしていたある日、自分が毎日生きている欧米社会の深層に横たわるキリスト教への関心が突如芽生えました。そしてそれは、神学の探究へと私を導きました。

それまでの私は、発達心理学あるいは発達科学と呼ばれる学問を通じて、ある意味、人間の目を通して人間の成長を探究していました。

ところが、その探究方法の限界に気づき、その限界を生み出していたのがまさに、自分が人間の目を通して人間を見ていたからだと思ったのです。そこで私は、神の視点で、あるいは超越的な視座から人間を見つめることが重要だと気づいたのです。その気づきを出発点にして、まずはプロテスタント神学の探究に着手することにしました。

しばらくプロテスタント神学の探究を行っていたところ、ある日またしても、大きな気づきを得ることになったのです。それは、神道への目覚めとして自分の内側に現れました。日本人としての自分にとって、神道は人生という座標軸の原点のようなものであると思ったのです。神道の探究を通じて、自分はいつでもどこでもその原点に戻ることができるという感覚が得られたのと共に、また新たな探究が始まりました。

そんな中で、神道は日本人の文化や伝統に深く関係しているものであり、私たちの文化や伝統というのはそもそも、長期記憶の存在の上に成り立つという側面があることに気づいたのです。

ところが、私たちの注意を搾取し、短期記憶を刺激する形で運営される新自由主義的社会の中にあっては、文化や伝統といったものが根底から溶解してしまう危険性があるのではないかと思ったのです。

事実、現代においては、公文書の改ざんや歴史の書き換えといった形で、社会の記憶が改変の対象になっており、人々の行動データが企業の利益獲得のために用いられるといった形で、個人の記憶が搾取の対象になっています。


現在、世界では、ロシアとウクライナの戦争をはじめ、悲惨なニュースが後を断ちません。おびただしい数のニュースが溢れる中、それらのニュースを眺めていると、ニュースで報道されることは、確かに現実世界で今この瞬間に起こっていることなのですが、それがまるで映画のスクリーン上で繰り広げられているように感じられることはないでしょうか。

バーナード・スティグラーは、そうした意識の状態を「シネマティックコンシャスネス(cinematic consciousness)」と述べ、テクノロジーとソーシャルメディアの力によって、私たちの記憶もまた、そうした断片的に移ろいゆくものになっていると指摘します。


さらにスティグラーは、私たちの中で何が記憶され、何が記憶されないのかが、テクノロジーと時代精神によって都合の良いように選択されていると述べます。

つまり、私たち個人や社会の記憶は、新自由主義的資本主義の利益になるような形で改変と搾取の対象になっているのです。

記憶と時間はスティグラーの重要な思想テーマであり、それらは私たちの存在を構成する核にあたるものです。

前述のように、マルチタスクが奨励される注意散漫な働き方や生き方は、私たちが短期記憶の世界ばかりに生きることを促してしまい、文化や伝統を守り、それらを育むための長期記憶の醸成を阻害しているのではないかと思います。

テクノロジーが私たちの記憶にどのような影響を与えているのか、テクノロジーを活用することによって私たちの時間感覚がどのように変化したのかを考えることの大切さは、そのあたりにもあるのではないかと思います。

デジタルデトックスのススメ

ビョンチョル・ハンは、新自由主義的な現代社会を蛇に、そして現代人をモグラに喩えています。モグラは一所懸命に穴を掘ります。その通路を自由に行き来しながら、モグラを飼い慣らし、食い殺していくのが蛇としての新自由主義的な現代社会です。

新自由主義的社会の中では、「デジタルパノプティコン」あるいは「データパノプティコン」と呼ばれるものが出現し、それらが私たちには見えないところで猛威を奮っていることについてはすでに言及しました。そこでは、データによって私たちが監視・管理されているだけではなく、私たちは率先してデータを提供している側に回っていることを自覚することが大切です。

そして、そこでは欲望が抑圧されるというよりも欲望はさらに刺激され、デジタル環境下におけるコミュニケーションが抑圧されるのではなく、過剰に奨励されるとハンは指摘しています。

オランダのメディア評論家のギアート・ロヴィンクは、〝Stuck on the Platform（『プラットフォームに取り憑かれた私たち』、未邦訳）〟という書籍の第1章で、「Ｚｏｏｍ疲れ（Zoom fatigue）」という現象を詳細に論じています。コロナ下における在宅勤務やコミュニケーションのツールとして、Ｚｏｏｍは非常に活躍しました。ですが、Ｚｏｏｍ疲れを訴える人が数多く見られ、その弊害も顕在化しています。

そして、それ以上に重要なことは、Ｚｏｏｍというのは氷山の一角であり、通称「プラットフォーム企業」と呼ばれる会社が提供する様々なツールを用いることによって、私たちは過剰なコミュニケーションに晒されているだけではなく、ツールの利用を通じて、データをそれらの会社に提供し、私たちがそれらの会社の監視下・管理下に置かれていることを自覚することです。

確かに私たちは、それらの便利なツールを活用することを一切止めることは難しいかと思います。ただし、それらのツールを無自覚で使えば使うほど、私たちは過度なコミュニケーションに晒され、疲弊してしまうことにつながるでしょうし、目には見えないところでの監視と管理を後押ししてしまうことになるでしょう。

カトリックの神学者かつ古生物学者でもあったピエール・テイヤール・ド・シャルダンが提唱した、物質圏（物質を司る領域）、生物圏（生物を司る領域）、知性圏（目には見えない知的なものを司る領域）の進化論的階層構造に加えて、現代社会は「情報圏（infosphere）」や「データ圏（datasphere）」が拡大の一途を見せています。

それらの拡大は、私たちの時間やエネルギー、時に金銭までもを搾取することを促し、私たちへの管理と支配を強化しています。

それらの新たな領域が拡張することに伴い、私たちの人生は随分と騒々しく、慌ただしいものになってしまいました。絶え間なく流れてくる情報の波はとても騒がしく、情報の波の上では観想的な生を送るのは非常に難しいです。

また、情報の渦の中では、注意が次々に新しい情報に向けられてしまい、注意散漫な状態を生みます。現代はひょっとすると、集団的な注意欠陥症と注意過剰症に陥っていると言えるかもしれません。

社会規模で進行する情報化の流れを食い止めることは、透明化を推し進める新自由主義的社会の中では非常に難しいことかと思います。

なので、少なくとも私たち個人は、絶え間ない情報にアクセスすることからアンプラグしてみるというデジタルデトックスを実践してみることや、日々何気なく使っているデジタルツールの背後にはどのようなプレイヤーがいて、彼らがどのような思惑のもとに動いているのかを考察してみることは、護身術的な実践となるでしょう。

第3部

資本主義批判の中での成長への実践

私が神を見る眼は、神が私を見たもう眼と同じである

マイスター・エックハルト（中世ドイツのキリスト教神学者）

第5章

悪魔的資本主義における成長第3の道

資本主義の終わりより、世界の終わりを想像するほうがたやすい

マーク・フィッシャー（イギリスの批評家）

ポール・ティリックが唱える資本主義の内在的な性質

本書ではこれまで、「新自由主義的社会」や「新自由主義的資本主義」という言葉を用いて、その内在的な性質を分析し、それらが私たちの内面や生活にどのような影響を与えているのかを見てきました。

ここからは、「資本主義」そのものの内在的な性質と、それらが私たちにどのような影響を及ぼしているのかを見ていきたいと思います。

資本主義と一括りに述べても、それが意味する範囲は非常に広く、内在的な性質に関しても、どのような観点からアプローチするのかで、見えてくるものは全く違ってきます。そして、「日本的資本主義」と呼ばれることがあるように、資本主義には文化差もあります。

本章では、ドイツのプロテスタント神学者ポール・ティリックの観点を用いて、資本主義の内在的な性質と、それらが私たちに与える影響について説明していきたいと思います。そして、そうした分析から導き出される実践的な処方箋についても言及していきます。

本書の冒頭で、ポール・ティリックについて簡単に紹介しましたが、ティリックの資本主義批判の背景にある事柄を伝える意味でも、改めてティリックについて紹介したいと思います。

ティリックは、20世紀に活躍した最も著名なプロテスタント神学者の1人です。彼は、第一次世界大戦中には、従軍牧師として奉仕しました。その後、ベルリン大学やフランクフルト大学などを含め、ドイツのいくつかの大学で教鞭を執りながら、「宗教的社会主義（religious socialism）」や「文化神学（theology of culture）」など、同時代の課題と向き合いながら、同時代に対して宗教が果たす役割と宗教の意味を絶えず問う活動的な神学者として活動を続けました。ナチス政権下においては、ヒトラーとナチスの運動を真っ向から否定したことによって、非ユダヤ系ドイツ人として初めて停職処分を受ける体験をしています。それを受けて母国ドイツを離れ、アメリカに渡りました。

アメリカではニューヨークのユニオン神学校で22年間ほど教鞭を執り、退職後、名誉教授としてハーバード大学に迎え入れられ、およそ7年間在籍していました。晩年には、シカゴ大学にも3年間ほど在籍していたのですが、重要なことは、ティリックは絶えず資本主義との関係から文化を神学的に内省していたということです。

彼の神学思想は、学術世界に留まるものではなく、〝The Courage to Be（『生きる勇気』、邦訳：平凡社）〟や〝The Dynamics of Faith（『信仰の本質と動態』、邦訳：新教出版社）〟の書籍を通じて、一般の人にも広く知られることになったのです。晩年には、全3巻に渡る大著〝Systemic Theology（『組織神学』、邦訳：新教出版社）〟を通じて、キリスト教の教理の体系化を進めるだけではなく、資本主義社会における人間を取り巻く実存状況を鋭く分析していきました。

ティリックは、著書『組織神学』の中で、資本主義において、いかに人間が機械的な理性を用いて自らを抑圧・管理し、人間性を奪い取っているかを指摘しています。人間が機械的な理性、あるいは道具的な理性を用いて人間性を貶めるというのは、1930年代以降に、フランクフルトの「社会研究所」を中心にして活躍した哲学者たちのグループであるフランクフルト学派の指摘でもあり、まさにティリックはフランクフルト学派の影響も受けていたのです。実際に、フランクフルト学派の創始者であるテオドール・アドルノとマックス・ホルクハイマーと親交がありました。さらに、フランクフルト学派の社会批判理論を自身の資本主義批判に組み入れるだけではなく、マルクスの資本主義批判の理論も組み入れていったのです。

ティリックは、資本主義の社会文化的な側面に絞って批判を展開しているがゆえに、資本主義の物質経済的な側面についてはあまり言及がなく、その側面についてはさらなる検討が必要です。例えば、具体的な経済政策や通貨発行権の問題など、それらの側面については別途検討の余地があるかと思います。

しかし、ティリックが焦点を当てた社会文化的な側面だけに限ってみても、非常に広範囲な形で資本主義批判を展開していますので、ここからは、私たちの成長を取り巻く社会文化状況に関係する事柄に的を絞りながら、前述のビョンチョル・ハンの指摘と関連付けて、ティリックの資本主義批判の論点を紹介していきます。

ティリックは20世紀に活躍した人ではありますが、彼の思想は古典的な価値があり、現代の資本主義にも引き継がれている内在的な性質を解き明かす上で非常に重要な指摘がいくつもありますので、それらを今から一緒に見ていきたいと思います。

資本主義の「悪魔的な性質」とは

ティリックの資本主義批判の中で最も重要であると述べても良いであろう指摘は、「資本主義は悪魔的（demonic）である」というものです。神学者のティリックは、キリスト教神学の観点から、資本主義の悪魔的な性質について詳述しています。ティリックは、「資本主義は悪魔的な力を内包している」と指摘しているのですが、資本主義そのものを悪（evil）だとは述べていません。

それでは、**悪魔的な性質とは何かというと、資本主義が破壊の力と創造の力の双方を含んでいる**ということです。資本主義が持つ破壊の力の例は簡単に思いつくのではないでしょうか。

例えば、資本主義はその活動を通じて、生態系や環境の破壊をもたらし、時にその構造的矛盾によって金融市場を破壊したりします。また、私たちの心を蝕むという意味においても、破壊の力を行使します。

一方で資本主義は、製品やサービスの生成に関していえば、日々絶え間なく無限の創造を続けています。こうした破壊と創造の両側面を資本主義は持っているのです。

さらに具体例を見ていけば、金融市場におけるバブルというのは、経済学者のシュンペーターが指摘するように、様々なプレイヤーによって創造される側面があり、同時にそれはいつか必ず崩壊し、また新たなバブルに向かって資本主義の世界は動いていきます。神学者であるティリックの眼には、その様子はひどく悪魔的に映っていたのでしょう。

ビョンチョル・ハンの思想とも絡めてみると、新自由主義的資本主義社会の中で、多くの人々が自らの貴重な時間とエネルギーを盲目的に労働に全力投下し、しかもハンの指摘にあるように、自由の名の下に自己搾取を徹底的に遂行させていく姿は悪魔的なものに映ります。

もう1つ悪魔的な側面を挙げるとすれば、資本主義に立脚した経済圏というものが他の存在圏を席巻していることでしょう。

前述のテイヤール・ド・シャルダンが提唱した「物質圏（物が存在する世界）」「生物圏（生物が活動する世界）」「知性圏（知的活動が行われる世界）」の全てが経済圏の多大な影響を受けていて、それらの圏がまるで経済圏の傘下にあるような状況です。それほどまでに資本主義が支配的な力を持ち、様々な圏に侵食していきながら内部から腐敗をもたらす姿は確かに悪魔的に映ります。

ハンの思想をさらに引けば、より悪魔的なのは、資本主義は人々のつながりを希薄にしながらも（破壊の側面）、ある種異様な連帯感を生み出していることです（創造の側面）。**すなわち、資本主義は人々に自律を促して分断させながらも、達成や成功そして成長に向かって邁進させる1つの方向性を提示しているかのような力があり、そこでは人々に無意識的な連帯感をもたらします。**

悪魔的な力を持つ資本主義社会の中で人々が善意に自らのためを思って行うことが、ことごとく自己腐敗と自己破壊をもたらす側面があるという点もまたひどく悪魔的です。例えば、休息が自らの生産性を高めるためのものになってしまっていたり、本来、健康維持は人生を豊かに過ごすために必要だったはずなのに、それがより効率的に収益を増大することを目的にして行われてしまっていることなどを列挙することができます。

要約すると、ティリックは直ちに資本主義を「悪」だと見なしたのではなく、資本主義が持つ「悪魔的な性質」を問題視していたのです。

ティリックが述べる資本主義の悪魔的な性質とは、創造と破壊の双方の力を同時に内包していることです。人類の歴史が始まって以降、いまだかつてないほどに最も効率的な生産システムを構築し、際限なく生産を行う力を持っていること。それと同時に、そうした創造的な側面とは対照的に、人間の心を蝕んだり、環境破壊をもたらすような破壊的な側面も内包していること。また、道徳的に良かれと思っていることが、資本主義が目指す際限なき生産と消費に私たちを取り込んでしまうこと。

すなわち、人間の道徳心に基づく行為すら、資本増大の運動に組み込む力を持っていることが悪魔的な性質の要諦です。

資本主義の価値を再考する

前述のように、ティリックは、資本主義を悪だと決めてかかって捉えることを避けるようにと戒めています。その背後には、資本主義の肯定的な側面の中にも悪魔的なものが内在しており、仮に資本主義の肯定的な側面を見つめないのであれば、そこに内包されている悪魔的な性質が見過ごされてしまうという考え方があります。

現代において、資本主義を悪だと決めつけて議論をする風潮が一部にありますが、それをしてしまうと、資本主義の肯定的な側面に含まれている悪魔的な性質を見逃してしまうことになります。ここでは詳しく取り上げませんが、資本主義の創造的な側面を含め、改めて資本主義の価値は何であったかという、そもそも論を大切にすることが重要かと思います。それをしなければ、ハンが指摘する肯定性の罠のように、実は肯定的に思えるものの中に潜む負の側面を見逃してしまうことになるでしょう。

コラム2で紹介した、社会に流布する価値観や仕組みを客体化し、自己の判断基準によって物事や現象が成立するための文脈について思考を巡らせることができる「ポストコンベンショナルな思考」を用いれば、資本主義がどのような歴史や思想に基づいて生まれたものなのかを分析し、それが制度や仕組みとしてどのような形となって現れたのかを分析することに私たちをいざなうでしょう。

また、ポストコンベンショナルな思考は、資本主義が私たちの心や行動にどのような影響を与えているかの精密な分析を可能にしてくれます。

ポストコンベンショナルな思考の価値は、肯定的な側面の中に否定的な側面を見出し、否定的な側面の中に肯定的な側面を見出しながら、事物の全体像をより詳細に把握しつつ、その変容を促す実践に私たちを促してくれることです。

ティリックはまさに、ポストコンベンショナルな思考を体現しながら、現代社会の中における宗教の役割を再考し、資本主義の悪魔的な性質を明るみにしながら、それと対峙することを行った規範的な実践者として注目に値します。

やってみよう！ 成長疲労への処方箋ワーク⑬

今回のワークでは、「資本主義の価値は何であったか？」と改めて考えてみていただきたいと思います。

前述のように、資本主義にも一定の価値が内包されていて、肯定的な側面の中に創造的かつ破壊的である悪魔的な性質が含まれていることを考えてみると、資本主義の価値を無視してしまうことは、そこに内包される悪魔的な性質も一緒に無視してしまうことにつながります。

余力があれば、資本主義の価値のみならず、資本主義の性質の変遷を調べながら、どのような背景で新自由主義的資本主義が生まれたのかを明らかにし、新自由主義的資本主義の価値は何かを考えてみましょう。

新自由主義的資本主義の価値が明らかになったら、そこに含まれる悪魔的な性質が何かを考えてみましょう。

このワークに伴う調査と考察を1人で行うことが難しい場合には、身近な人と一緒に取り組んでみましょう。

宗教的側面を持つ資本主義を考える

ティリックに師事をしていたハーバード大学の神学者ハーヴェイ・コックスは、主著〝The Market as God（『神としての資本主義市場』、未邦訳）〟の中で、資本主義の様々な特性は、伝統的な宗教の種々の側面と対比されると主張しています。

例えば、資本主義社会においては、お店に行って買い物をすることがまるで日曜日に教会に行って礼拝をするかのような無意識的に行う当たり前のものになっていたり、世の中に溢れる宣伝広告は資本主義という宗教の論理を普及させる教理問答（catechism）のネットワークとして社会の隅々に張り巡らされていると指摘しています。

街の高級店に入ってみると、そこはまるで教会や神社やお寺に足を踏み入れたかのような、どこか非日常感を味わわせてくれるような雰囲気が醸し出されています。また、そこで何か商品を購入する行動は、自分の様々な欲望を満たすという側面だけではなく――例えば、経済学者のソースティン・ヴェブレンが指摘するところの「**顕示的消費**（他者に見せびらかすための消費）」だけではなく――、資本主義を拡大させる無意識的な行為になっている点は見逃すことはできません。

そして、現代社会のありとあらゆるところに展開されている広告は、飽くなき生産と消費を煽ることにつながるものが多く、それは資本主義の論理を強化する形で機能している点は特に見過ごすことはできません。

前述のように、コックスは資本主義に内在している宗教的な側面を指摘しました。ティリックもまた資本主義の宗教的な側面を強調しているのですが、重要なことは、ティリックは、資本主義を宗教（religion）そのものとは見なさず、「宗教的なもの（religious）」あるいは「擬似宗教（quasi-religion）」と捉えていたことです。資本主義が擬似宗教であるというのはどういうことかというと、ティリックの考えでは、資本主義は伝統的な宗教と決定的に異なる違いがあるということです。

端的には、ティリックが宗教の定義を語る上でなくてはならないものとして掲げる「究極的関心（ultimate concern）」の対象が明確に異なるのです。擬似宗教としての資本主義においては、その究極的関心は詰まるところ、自己中心的あるいは人間中心的なものであり、世俗化されたものです。

一方で、伝統的な宗教における究極的関心は、絶えず人間の自我や人間性といったものを超越したものに向けられています。

ティリックと同様に、ドイツの社会批評家ウォルター・ベンジャミンもまた、資本主義の擬似宗教的な側面を指摘しています。ベンジャミンは、擬似宗教としての資本主義の特徴を、その信念体系というよりもむしろ、生活の形として隅々にその論理が浸透している点を指摘します。

前述のように、欲望を刺激する宣伝広告は私たちの生活の中に遍満していますし、マネーを介さない場所がほとんどないかのように、様々な店や会社が社会の中に乱立しています。そして、私たちの思考や行動そのものが資本主義の論理に従うように形付けられている点にも、資本主義が私たちの生活の隅々に浸透していることがわかります。

ベンジャミンは、資本主義とは絶対的に従わなければならないドグマ（教義）を持たないカルト（伝統的な宗教の信条ではない特定の信条を熱狂的に信奉する集団）的な側面を持っていると指摘しています。

絶対的な教義を持たないはずの資本主義も、その背後には生産拡大や消費増大などの隠れた教義的なものがあり、人々はそれらの教義的なものに盲目的に従う形で飽くなき生産と消費に駆り立てられています。

また、人々は無自覚的に資本主義における消費者となるばかりだけではなく、生産者として、あるいは投資家としても加担しており、それらの活動は全て、資本主義という擬似宗教に対する盲目的な信仰と行動を強化する形でなされています。

とりわけ、生産活動の背後には、ティリックが神学者である立場から指摘していることですが、人間の本質には何かを生み出すという生産活動があるだけではなく、生産を通じて創造主である神とつながっている感覚が内在的に存在し、資本主義は巧妙にその感覚に介入する形で、人々に無限の生産を促します。

そして、ひとたび生産活動に従事できなくなると、それは創造主としての神と切り離されたかのような実存的不安に苛まれることにつながり得るとしています。

現代の資本主義は、とにかく自我の欲望や欲求を満たすことによって加速させられている側面があるため、もう一度、個人として何を「究極的関心」にして生きているのかを問うことは重要な実践です。そして、そのプロセスの中で世俗的なものの見方を超えて、超越的な眼差しを獲得していくことも重要になるでしょう。

ティリックは、神学は資本主義に内包する悪魔的な性質を分析することができるだけではなく、神学の本義に立ち返れば、現代人の実存性や霊性を蝕む資本主義の内在的な性質を分析するのが神学の役割であるとさえ述べています。

自身の「究極的関心」を発見する意味でも、そして資本主義の悪魔的な性質を分析し、そこから解放されていくためにも、神学の考え方を学ぶことは非常に重要な実践になるでしょう。

コラム11

「究極的関心」とは何かを考える

あなたが求めていることは、あなたを求めている

ルーミー（ペルシャの詩人）

擬似宗教としての資本主義は、人間の尊厳を市場価値（market value）に還元し、競争に勝てない弱者（貧しい人、病気や障害を持っている人、お年寄りなど）を社会の片隅に放置し、その存在を軽視していきます。

また、擬似宗教としての資本主義は、市場やマネーを聖なるものと見なし、無限成長を金科玉条とします。

例えば、ショッピングモールやテーマパーク、そしてカジノなどは、私たちをまるで魔法にかけるような雰囲気を身に纏っていて、ティリックはそれらを「消費の大聖堂（cathedrals of consumption）」と表現しています。「消費の大聖堂」の中を生きる私たちにとって、今一度ここで見つめ直さなければいけないのは、自分の利己的な欲望や欲求を超えて、自分がこの世界で果たすべき使命とでも言える「究極的関心（ultimate concern）」が何かということで

しょう。

現代においては、究極的関心というものがひどく資本主義によって歪められてしまっています。直接的に資本の増大、すなわち経済的な裕福を究極的関心に置いている人もいれば、一見すると経済的な裕福ではないことを自身の究極的関心だと思っている人も、その関心の先にはお金が待っているという状況は多々見受けられます。

さらには、資本主義と結びつかない形では究極的関心など思いつきもしないというように、究極的関心に対する意識や志向性というものが麻痺してしまっている人も多く見受けられます。そんな状況があることを知りながらも、改めて皆さんの究極的関心は何なのだろうかと問いたいと思います。

私自身も今自分の究極的関心が何なのかを問うています。それをすぐに発見することが難しいことを鑑みて、それを考えるヒントを紹介したいと思います。そのヒントは、ティリックが述べる究極的関心とは何かという定義に立ち返ることかと思います。

ティリックは、**「究極的関心とは、主体・客体という図式を超越したものだ」**と述べています。言い換えるとそれは、**主体と客体の両面が1つになったようなものであり、他者のために行うことが巡り巡って自分のためにもなっているようなもののことを指します。**

自分のために行うことが結果として他者のためになるのではなく、他者のために行うことが結果として自分のためにもなっているという点に注意が必要です。

各人の究極的関心が何かを考えるヒントとしては、自己中心的ではなく、できるだけ多くの他者や社会全体を含んだ関心でありながら、同時にそれは世俗的なものでは決してなく、自分の存在の奥深くへとつながる使命のような何かかどうかという観点を参考にしてみてください。

その際に、ティリックから多大な影響を受けた、ハーバード大学の神学者かつ発達心理学者でもあったジェームズ・ファウラーの発達理論を参照すると、究極的関心を見出す手がかりが得られるかもしれません。ファウラーは、信仰を究極的関心として捉え、その発達のプロセスやメカニズムを解明しました。特にファウラーの〝Stages of Faith（『信仰の発達段階』、未邦訳）〟という書籍は、究極的関心というものがどのような特徴を持ち、どのようなプロセスやメカニズムで育まれていくものなのかを詳しく解説しています。そのため、ファウラーのこの書籍を参照すると、自分の究極的関心が何かを発見するための重要な洞察と示唆を得ることができるでしょう。

最後に、ティリックは、私たち一人ひとりの存在の奥深くにある基底に神聖なものが宿っていると述べています。ご自身の神聖な性質である唯一無二の個性に気づくことが、自分なりの究極的関心を見つける最善の道だと言えるかもしれません。

やってみよう！ 成長疲労への処方箋ワーク⑭

今回のワークは、皆さんの現時点における究極的関心は何かを明らかにし、自らの聖なる側面としての何ものにも代えがたい個性に気づくことです。

このワークには2つの方向性があります。1つは、究極的関心を明らかにした上で自らの聖なる側面に気づく方向性です。もう1つは、自分の聖なる側面を明らかにした上で自分の究極的関心に気づく方向性です。

前者の場合、まずは前述の究極的関心の説明を受けて、暫定的でよいので、今のご自身の究極的関心が何かを言葉にしてみてください。

前述の究極的関心の説明内容が難しければ、端的には、利己的な関心ではなく、できるだけ自分と他者を含んだ「自他的」な関心が何かを考えてみてください。そして、その関心に紐づく自分自身の尊い側面や性質が何かを言葉にしてみましょう。

もう一方の方向性でワークを進める場合には、まずは自分の中に息づいている聖なる側面としての唯一無二の個性が何かを言葉にしてみましょう。

そこから、それに紐づく形で今の自分の自他的な究極的関心が何かを考えてみましょう。

それほど難しく考えずに、自分自身が楽しさと喜びに包まれながら、他者や社会に対して貢献できる関心が何かを明らかにしてみていただければと思います。

際限のない「自己充足的有限性」

資本主義は、はなから有限な資源をもとにして無限（無限成長、無限生産、無限消費など）に向かおうとする矛盾した性質を内在的に持っていて、ティリックはその姿を「自己超越の歪み（distortion of self-transcendence）」と表現しています。

まさに現代においては、地球という有限な資源をもとにして様々な生産消費活動が際限なく行われているような状況です。私たちは頭では資源の有限性を理解していて、際限のない生産消費活動が地球を傷つけ、それが巡り巡って私たち自身を傷つけることにつながっていると理解しているかと思います。

ところが、頭ではそれをわかっていながらも、なぜそれをやめられないのかということに関して、ティリックは、「自己充足的有限性（self-sufficient finitude）」という重要な概念を提示しています。**「自己充足的有限性」とは、資本主義を特徴付けるものであり、永遠なるものを締め出す形で、本来有限のものを無限だと倒錯的に信じながら形を生み出し続けることで自己を満足させるような性質のこと**を指します。

ティリックは、そうしたあり方が私たち個人の中にあることを指摘しながら、とりわけそれは西洋社会の根幹に根付いていると述べます。それは本来有限なものの中に無条件に意味を汲み取ろうとする態度として現れていると指摘し、その態度が現代を特徴付ける自然科学、テクノロジー、資本主義経済を生み出したと指摘しています。

改めて自然科学、テクノロジー、資本主義経済を眺めてみると、それらは確かに無限なるもの、すなわち超越的なものを捨象しながら、有限なものの中に無条件的に意味を汲み取ろうとする態度をもって発展してきたことが見えてきます。

しかも、その無条件的に汲み取る意味には超越的な視点が欠落しているので、例えば自然科学においては、理性の及ぶ範囲の事柄でしか自然を眺めることができなかったり、テクノロジーにおいては、人間中心的な発想のもとに、いかに時空間や自然をテクノロジーで支配・管理・超克していくかという発想に陥りがちとなったり、資本主義経済においては、際限なく欲望を刺激し、欲望に付け入る資本主義システムが果たして人間の実存性や霊性の役に立っていたりするのかと問う姿勢を骨抜きにすることにつながっています。

そのように考えてみると、自己充足的有限性というのは資本主義の病理を特徴付ける1つの決定的な性質だと言えるでしょうし、少なくともこの性質に自覚的になることが、資本主義を変容させていく上で重要なきっかけの1つになり得るのではないかと思います。

人間阻害の機械的思考を超克する2つの概念

ティリックとフランクフルト学派の提唱者であるマックス・ホルクハイマーやテオドール・アドルノとの間には親交関係があり、ティリックはフランクフルト学派の思想から影響を受けていることについては前述しました。

そもそもフランクフルト学派の思想は、資本主義の問題に関するマルクスの批判理論とフロイトの精神分析学、そしてマックス・ウェーバーの近代合理性批判をその中心に据えています。

そうしたフランクフルト学派の思想に影響を受けたティリックは、人間の合理的な思考というものが単なる機械的な思考に陥りがちになり、本来人間を解放すると考えられていた合理的な思考が人間を逆に抑圧してしまうことを見抜いていました。

機械的な思考の罠については、ティリックよりも先に生まれ、同時代に活躍していたウェーバーも同様の指摘をしています。

とりわけウェーバーは、資本主義の根幹的な特性の1つとして、なんでも計測し、合理的に物事を進めていこうとする思考に強く立脚した人々の活動の姿を見抜いていました。

前述の通り、なんでもかんでも測定し、全てを合理的な思考で推し進めようとする傾向は、現代においても変わらないばかりか、テクノロジーの発展と相まって、その傾向は加速する一方です。

ここで、ティリックがウェーバー、ホルクハイマー、アドルノとは少し違った形で同時代の状況を眺めていたことに注目したいと思います。

端的には、ウェーバー、ホルクハイマー、アドルノは同時代の時代精神やあり方に悲観的だったのに対して、ティリックは楽観的ではないにせよ、単に悲観的な姿勢を保持していたわけではありません。

ティリックは、神学上の2つの重要な概念を足掛かりに、ウェーバー、ホルクハイマー、アドルノの悲観的な見方を超克しようとしていたのです。それら2つの概念は、今を生きる私たちが、現代の資本主義を変容させていく上でも非常に有益な洞察をもたらしてくれると思います。

その2つの概念とは、1つは「**カイロス**（kairos）」です。カイロスは元々、ギリシャ神話におけるチャンスの神様です。「チャンスの神様には前髪しかない」という格言から、その人の目の前に現れた瞬間瞬間を大切にするというところから派生して、**カイロスとは各人が持つ豊かな主観的な時間のことを指します。これは、「クロノス（kronos）」という計測できる客観的な時間とは対照的なものです。**

そしてティリックは、カイロス時間はイエス・キリストの現れとして体験されるものであるという宗教的な解釈を施していました。宗教的な解釈を脇に置くと、それは偉大な芸術作品や雄大な自然が感じさせてくれる永遠なるものや超越なるものとつながる体験をもたらす時間だと言えるでしょう。

そうした時間を回復し、そうした時間を生きることが、機械的な理性で支配される資本主義社会を生きる上での対抗手段になるとティリックは考えていたのです。

そしてもう1つの重要な概念が、「**神律**（theonomy）」です。ティリックが神律という概念に持たせていた意味の射程は広く、そして豊かなものなのですが、1つ重要な特徴を紹介したいと思います。その特徴を考えるにあたっては、「自律（autonomy）」や「他律（heteronomy）」と対比してみることが有益かと思います。

プロイセン（ドイツ）の哲学者イマニュエル・カントは『純粋理性批判』において、認識と物自体を分けることを説き、それを可能にする理性の働きを指摘しましたが、ティリックはその力を「自律」と定義しました。この定義が難しければ、文字通り、自らを律する力だと捉えていただければと思います。

一方で、この世界には自己を超えた物理法則があり、私たちはそうした物理法則に抗うことができず、ティリックはそうした力を「他律」と定義しました。そこからティリックは、理性の力でも、物理法則の力でもない第3の力に注目したのです。

それは、私たちの内側の最も深くにある超越的な内在法則、さらには宇宙の物理法則の背後にある超越的な法則であり、ティリックはそれらを「神律」と呼んだのです。これは例えば、祈りがもたらす思わぬ力のように、理性や物理法則を超えた何か大きな力のことを指します。

やってみよう！ 成長疲労への処方箋ワーク⑮

今回のワークは、カイロスや神律の理解を深め、それを体現した生き方を実現することを目的にしています。

もし仮に、計測可能なクロノスではなく、自分の内側に流れている主観的な時間感覚に気づけている方の場合、カイロスを最も感じさせてくれる活動や時間にはどのようなものがあるかを考えてみてください。

自分固有の時間感覚であるカイロスを特定することが難しい方の場合には、悠久の時間の流れを感じさせてくれるものや永遠を感じさせてくれるものは何かを考えてみましょう。長大な歴史を持つ神社・お寺・教会などを訪れることは悠久や永遠を感じさせてくれるかもしれませんし、人間が誕生する遥か昔から存在している大自然に身を置くこともそれを感じさせてくれるかもしれません。

そして余力があれば、悠久や永遠を感じさせてくれるものや場所の背後にある力にも思いを馳せてみましょう。
その力こそ理性や科学では説明できない神律の働きだと言えます。

「自律」「他律」「神律」における発達段階の要点

ティリックは、前述の「自律」「他律」「神律」という3つの働きに注目して、資本主義批判を展開していきました。

とりわけ、それら3つの働きが人間が生み出す文化の中でどのように表象として現れているかに着目しながら、文化と接続している資本主義の批判を行っていったのです。

まずティリックは、自律の力が行き過ぎてしまうと、個人主義や主観主義に陥ることを警告していました。現代社会においては、「自律的な自己」を確立することの大切さが叫ばれますが、発達心理学者のロバート・キーガンの発達段階モデル（229ページ参照）を活用すれば、自律的な自己を確立するというのは発達の道半ばの現象です。

もちろん、発達には以前の段階の価値を含み、限界を超えていく「含んで超える」という側面があり、自律的な段階に至ることは、さらなる発達段階に到達するために重要となります。

しかし、得てして自律的段階（キーガンの言葉で言えば、「自己主導段階」あるいは「自己著述段階」）は、確立した自分なりの価値観や意思決定方針に固執する傾向があり、それはティリックが指摘する過度な個人主義や主観主義に陥る危険性があります。

現代においては、ハンの観点によれば、「自律的」という肯定性が内包した言葉を好餌に、資本主義は歪な個人主義を推し進め、あくなき生産の追求や自己搾取が生み出されていると言えます。

また、他律というのは、ティリックは自己を超えた物理法則の力のことを指していましたが、それが私たちに働きかける外部からの力であることを考えると、キーガンの発達段階モデルを活用すれば、自律的段階の前の「他者依存段階（あるいは「慣習的段階」）」と呼ばれる発達段階に対応する性質だと言えます。

この段階においては、自らの価値観や意思決定基準というものが内側から確立されておらず、他者や社会を含めた外側の存在から規定されています。例えば、組織や社会の決まりに対して盲目的であり、それに従順に従うという行動論理を持っているのがこの段階の特徴です。

ティリックは自律と他律だけに基づいたあり方を問題視しているのですが、それらを等しく問題視していたわけではありません。端的には、ティリックは自律を他律よりも優位なものと見なし、他律的なあり方を批判した上で、自律的なあり方も批判し、神律に則ったあり方の大切さを説いていたのです。ティリックは、カトリックではなく、プロテスタントの神学者であったことを考えると、教会の定則的な教義《ドグマ》に従順に従うことを問題視する考え方を持っていたことは容易に想像されます。

また、前述のキーガンのモデルに従えば、発達のプロセス上、他律よりも自律を優先させるという批判の流れは、至極当然かと思います。ティリックが述べる他律は慣習的な段階の産物であり、自律は後慣習的な段階に向かう過程で生み出されるものなので、より高次元の自律のほうに価値を置いていたというのは納得できます。

これらを念頭において、文化から宗教の性質を紐解き、宗教から文化の性質を紐解きながら、資本主義の内在性質を紐解いていったティリックの主張に戻ると、他律を強調する文化は、自律的な理性を抑圧し、ドグマ的な、あるいは権威的な基準に従う形で生きることを促してしまいます。

一方、自律を強調する文化は、個人やその人の社会生活が究極的な関心と切断されてしまうことを助長し、機械的な合理性に基づいて生きてしまうことを促してしまうと指摘しています。

そうした指摘をもとにティリックは、神律的な文化を築き上げていくことの大切さを主張しています。**神律的な文化とは、何ものにも代えがたい個性としての自己の神聖な性質や存在の奥深くにある基盤からもたらされる究極的な関心事や究極的な意味によって営まれるものです。**

ティリックは、資本主義社会が推し進める他律的文化と自律的文化へ批判的な眼差しを向け、自律をいかに神律に変容させていくかが、現代資本主義の超克に向けて最も重要なことだと説きました。

自律を神律に変容させるためには、前述のように、まずは私たち一人ひとりが自らの究極的な関心が何かを発見することが重要になるでしょう。

参考 5つの発達段階の要点

【発達段階1】具体的思考段階

発達段階1は「具体的思考段階」と呼ばれます。この段階は、言葉を獲得したての子供に見られるものです。そのため、ほぼすべての成人は、基本的にこの段階を超えていると言えます。

具体的思考段階の特徴は、具体的な事物を頭に思い浮かべて思考することはできますが、形のない抽象的な概念を扱うことはできません。例えば、具体的な人物を思い浮かべて「友達」という言葉を理解することはできますが、友達との間に芽生える「友愛」という概念を概念のまま理解することは至難の技です。

【発達段階2】 道具主義的段階（利己的段階）

発達段階2は「道具主義的段階」、あるいは「利己的段階」と呼ばれます。この段階は、成人人口の約10パーセントに見られます。一言でこの段階を表現すると、「極めて自分中心的な認識の枠組みを持っている」と言えます。

この段階は、自分の関心事項や欲求を満たすことに焦点が当てられており、他者の感情や思考を理解することが難しいです。自らの関心事項や欲求を満たすために、他者を道具のように見なすという意味から「道具主義的段階」と形容されます。段階2において、他者の視点を考慮することは大きな難題です。

自分の視点のみならず、他者の視点も考慮し始めると、それは発達段階2から3への移行のサインとなります。

【発達段階3】 他者依存段階（慣習的段階）

発達段階3は「他者依存段階」、あるいは「慣習的段階」と呼ばれます。この段階は、成人人口の約70パーセントに見られます。一言でこの段階を表現すると、「組織や集団に従属し、他者に依存する形で意思決定をする」という特徴があります。

この段階は、自らの意思決定基準を持っておらず、「会社の決まりではこうなっているから」「上司がこう言ったから」という言葉を多用する傾向があります。つまり、他者（組織や社会を含む）の基準によって、自分の行動が規定されているのです。この段階は、組織や社会の決まりごとを従順に守るという意味から、「慣習的段階」とも呼ばれています。

【発達段階4】 自己主導段階（自己著述段階）

発達段階4は「自己主導段階」と呼ばれます。この段階は、成人人口の約20パーセントに見られます。この段階では、ようやく自分なりの価値観や意思決定基準を設けることができ、自律的に行動できるようになります。

段階3では、行動基準が周りの存在によって築き上げられていたのに対し、段階4は、自ら行動基準を構築することができます。自らの行動基準によって、主体的に行動するという意味から「自己主導段階」と呼ばれます。

この段階は、自己成長に強い関心があったり、自分の意見を明確に主張したりするという特徴を持ちます。また、自分の価値体系を自らの言葉で構築し、それを豊かに語ることができる姿から、「自己著述段階」とも呼ばれます。

【発達段階5】自己変容・相互発達段階

発達段階5は「自己変容・相互発達段階」と呼ばれます。この段階に到達している成人人口は1パーセント未満です。この段階では、自分の価値観や意見に囚われることなく、多様な価値観・意見などを汲み取りながら的確に意思決定ができるという特徴があります。

段階4は、自らの成長に強い関心を示していましたが、段階5は、自らの成長に強い関心を示すことはなく、他者の成長に意識のベクトルが向かいます。

また、段階5は、他者が成長することによって、自らも成長するという認識（相互発達）があり、他者と価値観や意見を共有し合いながら、コミュニケーションを図るという特徴もあります。

コラム12

ティリックが唱える「神律」の実践

前述の通り、現代の資本主義社会は、ティリックが活動していた頃に起きた二度の世界大戦とその後の時代と同様に、過度に合理的なあり方を個人に押し付けてきます。合理主義を押し付ける社会においては、個人主義が蔓延《はびこ》り、人々は自律の道ばかりを強調するようなあり方になっていきます。そうしたあり方は、自我の肥大化（ego-inflation）と自我の勃起（ego-erection）とでも形容できるような、利他性を失った、過度に自己中心的な存在に私たちを陥れてしまうことにつながります。

端的に言えば、ティリックは、自己中心的なあり方を助長する合理性社会に対する対抗概念として「神律」を提唱し、姑息な自我を超えていく道を示そうとしたのです。

さらには、合理性社会においては、主体と客体はますます分断されていき、主客一体の関係性を回復していくために「神律」という言葉を提唱したという側面もあります。

ティリックは、主体と客体だけを眺めていては大切なものを見失うと指摘しています。そこにあるのは計算、管理、支配だけであり、高次のもの、あるいは超越的なものを愛するという意味でのエロス（上昇の愛）を見出すことはできないと述べています。これはまさに前述のハンの問題意識ともつながるものです。

主体客体の分化と、主体客体の一方への囚われは、資本主義の大きな問題の1つであり、逆に言えば資本主義は主体客体のどちらか一方に私たちを閉じ込めたり、それらの分断を助長したりする形で資本増殖を続けていきます。神学的な言葉で言えば、主体客体を超克した「神体」とでも呼べるようなものをもう一度復活させるような形で、資本主義への対抗手段を考えていきたいものです。

その際に、ありとあらゆる領域で「脱神秘化（demystificationあるいはdisenchantment）」を進めて来た資本主義に対して、錬金術や魔法が流布していた中世に退行する形での神秘化ではなく、個人や社会の神聖なものを取り戻すという意味での進歩的な形での「再神秘化（re-mystification あるいは re-enchantment）」が必要なのではないかと思います。

そこで重要になってくるのは神律の実践適用ですが、それに向けては、ティリックが指摘するように、世俗的なものと聖なるものを峻別する必要があり、伝統的な宗教が考える聖なるものと、資本主義社会の中で崇められるものは明確に異なるという認識を守らなければならないように思います。

コラム11で言及した究極的関心を見つけていくことに加え、資本主義社会が崇めるものとは異なる聖なるものを発見していく実践に乗り出していくことが重要になるでしょう。

成長の第3の道としての「神力」

誰も見ていないところに咲いた一輪の花も神は見ている

松村禎三（作曲家・俳人）

ティリックが提唱した「自律」「他律」「神律」という3つの働きに着目しながら、今私たちが、どのような成長の道を歩んでいるのかをここで立ち止まって考えてみることは有益です。

私たちの成長においては、確かに自助努力をするという自力の道は重要です。それに加えて、他者からの支援という他力の道もまた大切なものになります。

しかしながら、ティリックの神学的な発想を用いれば、それらはいずれにせよ、立脚点が自我《エゴ》にあり、両者の道だけに頼ってしまうことは、本質的な成長をもたらしてはくれないでしょう。ハンの考察を引用すれば、新自由主義的な現代社会においては、自力の道も他力の道も疲弊と搾取を助長する危惧があります。そのため、なおさら自我の囚われを捨て、超越的な存在に自己を委ねる神力の道が大切になるでしょう。

神力の道を歩むためには、自分を超え、畏怖心をもたらしてくれるような存在を認識し、そうした存在を大切にする姿勢が重要になるでしょう。

例えば、皆さんもこれまでの人生の中で、畏怖心を感じさせてくれる雄大な自然と一体化したり、恍惚的な美的感覚をもたらす芸術作品と触れることによって、作品そのものと一体化した経験をしたことがあるのではないでしょうか。

確かに、微細な身体感覚や詩的な感受性、さらには超越的な眼差しとその感性のようなものがなければ、そうした存在との交感は困難ですが、まずは畏怖心をもたらしてくれるような存在に思いを巡らせるところから始めていけば、そうした存在との交感が少しずつ実現されていくのではないかと思います。

第6章

資本主義の矛盾とポストコンベンショナルな思考

成長のための成長は、癌細胞のイデオロギーである

エドワード・アビー（アメリカの小説家）

ハイパーオブジェクトとしての資本主義

それではここからは、ティリック以外にも資本主義批判を独特な観点から行っている幾人かの学者の論考を参照し、前章までのハンやティリックの指摘と絡めながら、私たちの成長を取り巻く状況について分析し、実践の手立てを考えていきたいと思います。

そもそも本書を通じて私たちは、成長のあり方と共に、資本主義というものについても考えているわけですが、資本主義について考えれば考えるだけ、資本主義が非常に捉え所のないものに感じられるのではないでしょうか。それはとても自然な反応だと思います。

イギリスの思想家ティモシー・モートンは、気候変動のように私たちを取り囲み、巻き込んでいるのだけれどもあまりにも大きすぎて私たちには全体を把握することができないものとして「ハイパーオブジェクト（hyperobject）」という概念を提示し、とりわけ生態系の危機について論じています。

モートンが述べるハイパーオブジェクトの定義は、まさに資本主義にも当てはまります。1つは、資本主義の論理が様々な商品やサービスの内側に隠れて存在しているという点であり、そしてもう1つが、資本主義の論理は変わらずとも、その論理を内包した商品やサービスは様々に種類を変えていくという点です。

資本主義は何も企業社会と密接につながっているだけではなく、教育や医療とも密接につながっています。

また、資本主義は時空間を超越し、どんな場所にも時間にも私たちに迫ってくるという性質も帯びています。すなわち資本主義の論理そのものは、何か具体的な形を持っているわけではなく、それはまるで空気や水のように存在しながら、私たちの生活の隅々に浸透しているのです。

最後に、ハイパーオブジェクトは1つの要因によってもたらされるのではなく、複数の要因が相互に影響し合って生み出されるという特徴を持ちます。これらの特徴は、地球温暖化の性質と合致するものであり、モートンは地球温暖化という現象をハイパーオブジェクトの具体例として頻繁に取り上げています。

まさに、資本主義も特定の要因にその生成メカニズムや問題を還元することができず、多様な要因によって生み出されています。ハイパーオブジェクトの特徴に合致するそれらの性質を資本主義が持っているがゆえに、私たちにとってそれは非常に捉え所のないものに映るのです。

資本主義の問題を考察する上での「加速主義」

私たちは祖先から地球を受け継いでいるのではなく、私たちの子孫から借りているのである

ネイティブ・アメリカンの格言

ティモシー・モートンが提唱した「ハイパーオブジェクト」の定義に合致する資本主義について考えてみると、資本主義は捉え所のないものに映りますが、私たちは意識を拡張しながら、その捉え所のなさに麻痺しないようにする必要があります。

重要なことは、非常に複雑な資本主義というものを、様々な角度や観点から分析していき、その内在的な性質を明らかにしながら、実践的な処方箋を考えていくことです。

資本主義の問題について考えることは、人間の文明という大きなものについても考えざるを得ず、その時に大事な発想として持つべきものとして、「文明崩壊学（collapsology）」が持っている構えを挙げることができます。文明崩壊学は元々、生態系の崩壊プロセスとメカニズムを解明し、実践的な処方箋を提示する領域横断型の学問分野として誕生しました。

重要なのは、文明崩壊学では、文明が崩壊する可能性を受け入れていることです。つまり文明崩壊学は、未来の文明の死、すなわち人間社会の死を念頭に置いており、その点に文明の延命に

向けて意識が向かう他の学問領域とは一線を画す構えを見て取ることができます。
この構えは、未来の死を受け入れ、今という瞬間に何ができるのかを考える透徹した意志に貫かれており、資本主義の問題を考える上で非常に重要なあり方を私たちに提示してくれます。

果たして私たち人類は、言い換えると人間の文明は、この地球という惑星に対して、これまで何か1つでも良いことをしてきたのだろうかと問うてみることは非常に重要なことかと思います。

おそらく、1つもそうしたことが思い浮かばない可能性があり、そうなってくると、今の文明を継続させることに躍起になったり、次の文明を考えたりするというのは、ひどく人間中心主義的な発想に映ります。

仮に、地球中心主義や宇宙中心主義の立場に立つならば、人類と人間の文明の消失が最善のように思えても不思議ではありません。こうした発想につながるのが、イギリスの批評家ベンジャミン・ノイズが提唱した「加速主義（accelerationism）」という考え方です。ノイズがその言葉を提唱し、「加速主義の父」と形容されるイギリスの哲学者ニック・ランドがその考えを広く普及させました。

加速主義とは、現代の資本主義を行けるところまで推し進め、その極致に到達した時に、私たちは資本主義それ自体の外側に飛び立ち、現状の問題を打破することができるという考え方で

す。加速主義は、フランスの思想家ジル・ドゥルーズとフェリックス・ガタリが〝Anti-Oedipus（『アンチ・オイディプス　資本主義と分裂症』、邦訳：河出書房新社）〟という書籍の中で指摘した、私たちの欲望はありとあらゆる方向に分裂的に広がっていて、分裂的な欲望を徹底的に推し進めることで資本主義は行き着くところまで行き着き、資本主義からの解放を目指すという考え方に基づいています。

現代の資本主義による様々な病理の進行にせよ、地球環境問題の進行にせよ、それが実はゆっくりであるがゆえに、人々はそれに実感を持ちにくく、無関心と無行動を引き起こしているのかもしれないという指摘は、ハーバード大学のダニエル・ギルバートが述べたことと合致します。ギルバートは、「多くの環境保護主義者は気候変動が急激に起こっていると述べているが、それは違う。むしろそれはあまりにもゆっくりなのだ。変化が限りなく遅いために、人々はそれに気づかないのである」ということを述べています。

ノイズにせよ、ランドにせよ、彼らはある意味、崩壊を加速させ、その急激な変化によって人々を目覚めさせたり、社会変革を実現させせたりしようと考えていたのですが、慎重にならなければならないのは、果たして資本主義の流れを加速させることができるのかという問題や、その加速の過程での様々な代償に関する問題があります。

さらに重要なことは、加速の先に本当に特異点のような極致があるのか、そのようなものがあったとして果たしてそこに辿り着けるのか、そしてその外側の世界に出られるのかという、より本質的な問題が横たわっているように思います。

コラム13

資本主義と都市の景観、そして成長への上昇志向

資本主義は実に様々な存在圏に見られ、それは経済圏だけではなく、生活圏や文化圏などにも広く見られることは本文の中でも指摘しました。その中でも、言葉や記号などを司る「象徴圏」というものを考えてみた時に、資本主義の様々な象徴性が浮かび上がってきます。

例えば、都市と資本主義を関係付けて眺めてみると、ニューヨークのマンハッタンにある摩天楼というのは紛れもなく資本主義の象徴だということに気づくでしょう。

特に、新約聖書に登場する富または貪欲の神（悪魔）「マモン（mammon）」の象徴としてそれは機能しています。マンハッタンの開発の歴史を眺めると、富の神がいる場所へ少しでも近づこうと、摩天楼の建物はとにかく天を目指してより高く建築するようになったプロセスを見て取ることができます。

実は日本は、ニューヨーク・マンハッタンの都市景観とそこで用いられていた建築様式を

20世紀前半に持ち込んだという歴史があります。例えば、東京・丸の内などはその最たる例であり、丸の内はマンハッタンの景観を真似する形で開発が進められました。

カナダの社会活動家ナオミ・クラインが提唱した、大惨事のショックで茫然自失になった状態に付け込んで政策を遂行する「ショックドクトリン（惨事便乗型資本主義）」というのは、何も新たな思想やシステムの導入の際に適用される概念なのではなく、都市空間の再編成においても当てはまります。

とりわけ現代の東京の中心部にオフィス街ができたのは、1923（大正12）年に発生した関東大震災後だったのです。関東大震災後、復興に向けて動き出そうとしている時に、ショックドクトリン的にマンハッタン型の建築が理想とされ、それが今の東京のオフィス街の景観を作ることになりました。

当時はおそらく、復興の象徴を求めていたのでしょうし、マンハッタンが経済的な成長をどんどん遂げている姿に憧れの念もあったのでしょう。

そうしたことが重なって、とりわけ丸の内を中心にして鉄筋コンクリートのビルが次々に建てられていったことに改めて注目してみると、都市の形成と資本主義は密接に結び付いていることがわかります。

再び摩天楼の建物の特徴に話を戻すと、それはまさに資本主義の特性の1つである効率性を追求したものでした。そもそも言えば、摩天楼の建物は、木材などの材質よりも安く大量に生産できるコンクリートを活用した点が特徴として挙げられます。

それ以上に注目するべきことは、マンハッタンはそれほど広い土地を持っているわけではないため、ある限られた面積の中でどれだけ大きな建物が建てられるかを考えた結果、それを効率よく実現するためには垂直的にどんどん高くしていくことが理想であると考えられた点です。

当時の資本主義はこのように、土地には限りがあるので、今度はそれよりも広大なスペースを持つ空の「搾取」に向かって垂直的に高い建物を建てる方向に向かったのです。

現代においては、もはや土地や空などの物理的な制約を受ける空間からも離れ、無限に広がるデジタル空間へと資本主義は触手を伸ばそうとしています——すでに伸ばしています——。

これから資本主義はデジタル空間の中でどのような運動を展開するのでしょうか。

少なくとも、この「高く高く」「上に上に」という発想に置き換わる発想、あるいはそれを抑制するような発想や仕組みが求められるように思います。

成長を是とする、あるいは至上命題とする現代社会においては、経済成長ゼロという事態が悪のように見なされています。

単純に人間と経済を比較することはできませんが、どちらもエコロジカルなものであることを考えてみた時に、人間の身体の成長は大人になって止まりながらも、内面は発達を遂げていく可能性が残されています。

それと同じく、経済という生態系もまた、本来は外面的な、すなわち経済指標的な数値の拡張を目指すのではなく、それはあるところで止まり、それを受け入れることを通じて、経済指標には還元できない経済的豊かさを求めていくべきなのではないでしょうか。

経済指標によって示される経済成長は、経済成長の本来持つ質的な側面を考えれば一面に過ぎないものであり、量的な経済成長ばかりを追い求める現代の風潮は、飽くなき需要と際限のない欲望の競争を助長するだけだと思うのです。

明治から大正時代にかけて活躍した神道家の川面凡児《かわつらぼんじ》は、土地の国有化を訴えていました。これを冷静に眺めてみると、共有資本を食い潰し、全てを私的資本に変えていこうとする現代の資本主義のあり方に対抗する考え方の方向性を発見することができるのではないかと思います。

現代においては、いつの間にか誰のものでもなかった土地に値段がつけられ、それが所有や交換の対象になっています。本来は公共的なものであったはずのものが私的所有の対象となり、消費対象となっている例は枚挙にいとまがありません。

現存する共有資本をなんとしても守り、本来は共有資本であったものを私的資本から再び共有資本に戻していくこと、さらには新たな共有資本を生み出していくことによって、競争とは縁のない空間が徐々に私たちの社会の中に広がり、摩天楼に象徴される現代の私たちの成長を取り巻く上昇志向が少しずつ緩和されていくことを願って止みません。

現代資本主義的社会の透明化から考える「本質的な成長」

ここまでのところ、ポール・ティリックの資本主義批判や、ティモシー・モートン、ベンジャミン・ノイズ、ニック・ランドの資本主義に対する考え方を見てきました。

ここでもう一度、ビョンチョル・ハンの指摘に立ち返ってみると、現代の資本主義の問題に関して、また新たな気づきが得られるのではないかと思います。

前述の通り、ハンは、私たちの社会は過剰な肯定性で覆われていると指摘しています。ハンは、肯定性の体現された具体的な例として、表面がツルツルしたスマホやブラジリアンワックスによる脱毛の例などを取り上げ、ゴツゴツしているものを嫌い、表面がつるりとしたものを好むことは肯定性を志向する社会のあり方を映し出しているとしています。

そもそも資本主義の中で否定性が嫌われるのはなぜでしょうか。端的には、ゴツゴツしたものに代表される否定性は、資本拡大の障壁・障害になるからです。

例えば、グローバル化というのも国境という壁を取り払うことによって、資本を地球規模で増大させようとするために好都合のものです。そうしたところにも資本主義と肯定性は実に相性が良いものであると気づきますし、むしろ資本主義は肯定性によって駆動され、拡大されているという側面があるという点は見逃せないでしょう。

また、資本主義は肯定性を実現するために、なんでもかんでも画一化や標準化を図ろうとします。ゴツゴツした感じを取り除くだけではなく、全てのものを同質なものにしていくのです。

身近な例で言えば、一般的なスーパーには形や色が整った野菜や果物が並んでいます。本来、野菜や果物というのは、色や形がバラバラであり、人間のように実に個性的です。形の悪い野菜や果物を排除してしまう食品廃棄は、食を取り巻く資本主義の大きな問題になっています。

前述のように、ハンはなんでもかんでも透明化させることの問題点を指摘しましたが、それは透明化の過剰さを批判したのであって、透明化させるべきものは積極的に可視化していく必要があるでしょう。食の問題に限って言えば、食品の添加物の種類や量のほかに、食品がどのような過程を経てスーパーに運ばれてくるのかに加え、スーパーに並ぶ前に廃棄されてしまった食品や、スーパーに陳列された後に売れ残った食品がどのような過程で廃棄されていくのかも私たちはきちんと可視化し、それを直視していくことは必要でしょう。

私たちの本質的な成長とは、これまで気づいてなかったことに気づくことによって実現されることを考えてみた時に、気づかなければならないことに気づいていく試みは非常に重要なことだと思います。

やってみよう！　成長疲労への処方箋ワーク⑯

それでは今回のワークでは、資本主義が好む肯定性の具体例として本文で紹介した以下のようなもの以外にはどのようなものがあるかを考えてみましょう。

・表面がツルツルしたスマホ
・ブラジリアンワックスによる脱毛

・グローバル化を通じて国境の壁を取り払うこと
・形や色が整った野菜
端的には、それは資本主義がさらなる拡張をするための原動力であり、私たちが一般的に好ましいと思っているようなものです。

資本主義が好む肯定性の具体例を列挙した後に、今度は資本主義が嫌う否定性の例を考えてみましょう。とりわけその具体例を考えることは重要になります。

どのような観点で重要になるのかというと、資本主義の無限拡張や暴走を防ぐことにつながるからです。

また、もし真剣に新しい資本主義を実現しようとするのであれば、現在の資本主義が拒絶する否定性の具体例を考えていくことは大切になります。

人間の発達は、異質なものとの出会いと、異質なものを自身の内側に統合していくプロセスでもあります。

その観点で言えば、現在の資本主義が真の意味で発達するためには、今の資本主義が異質な存在と見なして毛嫌いする否定性が何かをまず明らかにする必要があるでしょう。

このワークも1人で取り組むことが難しければ、身近な人との対話を通じて取り組んでみましょう。

「隠れたカリキュラム」への気づき

肯定性を強調し、否定性を蔑《ないがし》ろにする現代社会にあって、善意のもとで構築された理論や実践に注意深くあることがますます求められるようになってきています。

なぜなら、ハンが指摘するように、資本主義は善意さに付け込み、肯定性を源にして資本増大の運動を続けていくからです。

そもそも否定性を通じた管理や搾取には限界があるのですが、肯定性を利用した管理や搾取はとても効率的であり、限界がほぼありません。

実は、その性質を逆手にとって、アカデミックな世界においても、肯定性が利用される形で様々な研究がなされていることに気づきます。

研究者の研究テーマそのものが、知らず知らずのうちに資本主義の拡大に資するものとなり、研究内容がそのように方向付けられる傾向は今に始まったことではありませんが、その傾向は加速しています。

研究者は良かれと思って研究テーマを設定し、その研究に邁進するのですが、実は研究テーマの設定そのものが、資本主義の論理や時代精神によって多大な影響を受けていることに自覚的な研究者は驚くほど少ないです。大抵が善意に研究を進める善良な研究者なのですが、その善良性を好餌として、様々な研究を行わせているのが新自由主義的資本主義なのです。

そもそも、研究者の評価は、論文の数といった定量的なものに加え、外部の企業や組織からどれだけ研究資金を集められるかといった要因によって決定されます。とりわけ後者のどれだけカネを引っ張ってこられるかが評価の対象になっていると、自ずから研究内容もカネが得られそうな内容になりがちとなります。

当然ながらその構造を見抜き、カネにならないながらも人間や社会、あるいは生態系にとって役に立つ研究を真摯に続けている研究者がいることは忘れてはなりません。

そうした構造に気づけるためには前述の、社会に流布する価値観や仕組みを客体化し、自己の判断基準を持つ「ポストコンベンショナルな思考」が求められるのですが、そうした思考を体現している研究者はやはり少数です。

そのような状況を鑑みた時に、例えば現在流行の脳科学に関する研究成果が、実はマーケティングや消費者行動と密接につながり得るものであり、それらの研究が資本主義に取り込まれ、資本主義を拡大させてしまう可能性に自覚的であることは重要でしょう。


オーストリアの哲学者かつ社会評論家でもあったイヴァン・イリッチが著書〝Deschooling Society（『脱学校の社会』、邦訳：東京創元社）〟の中で、「学校教育において、教室で学ぶ教材の背後にある特定の価値観やものの見方だけではなく、学校という仕組みの中で知らず知らずのうちに自然に身につく暗黙の前提や行動様式」といった趣旨で述べている「隠れたカリキュラム（hidden curriculum）」というのは、まさに現代社会の様々な領域で存在しているのです。それは現代社会においては、良かれ悪しかれ暗黙の前提として私たちの行動に影響を与えるものであり、私たちの行動を無意識的に規定するものでもあります。

今述べた、アカデミックな世界における研究を取り巻く状況というのはその一例です。

社会に無数に存在する「隠れたカリキュラム」に自覚的になり、それらに改善するべき箇所があればそれを改善していくことは、個人と社会の解放を実現していくための第一歩の実践的処方箋になるでしょう。

静寂さを嫌い、ユニークさを好む資本主義

静けさは、あらゆることに対する新しい視線を私たちに与えてくれます
マザー・テレサ（北マケドニアの修道女）

静けさのなかには、ひとの語ることのできない意味がある。言葉をもたないものらが語る言葉がある
長田弘（詩人）

資本主義は、とにかく私たちを何かの行動に駆り立て、生産や消費につながらない状態を嫌います。ハンが指摘するように、実際には、生産や消費につながらない状態は、心穏やかな状態として肯定的なものとして捉えることができます。

そうした心が穏やかな状態、すなわち静寂な状態は生の意味を喚起してくれたり、観想的な生そのものを生み出してくれたりする力を持っています。

資本主義は、静寂な状態を嫌いながらも、商品やサービスのユニークさを好みます。それは商品やサービスの幅を広げ、多様さをもたらすという点において、すなわち欲望の増幅や消費対象

の拡張をもたらすという点において好まれるのです。そこでは、ユニークさは物質消費対象として見なされ、物質消費の選択肢の多様さをもたらすものとして歓迎されるのです。

ここで人間発達のコンテクストからこの現象について考えてみると、注意しなければならないことが浮かび上がってきます。

私たちの発達プロセスにおいて、私たちは徐々に自己の真正さ（authenticity）、すなわち自分らしさに目覚め、それを獲得していくという側面があります。

ここで注意しなければならないのは、資本主義の論理がその側面に入り込み、現代社会には、自分らしさの発見やそれを促すような善意のサービスが近年とみに増えていることです。

さらに問題なのは、自分らしさを獲得することが隠れた目的になってしまい、自分らしさの獲得に向けて自己を鼓舞し、それが成長疲れをもたらしている側面があることです。

ある意味、自分らしさの発見というのは終わりのないものなので、それに対しても冷静な目を持つことが重要であり、さもなければ、自分らしさが資本主義によって利用され、簡単に資本主義の好餌になってしまうでしょう。

自分らしさを取り巻くこうした構造的な問題に自覚的になることもまた、護身術的な処方箋になります。

コラム14

じっくりと時間をかけて行うことのススメ

現代資本主義は、効率性や生産性を私たちに強く求めますが、効率性や生産性の味をひとたび知ってしまうと、それがパブロフの犬のように人々の中に当たり前のものとして認識されてしまう傾向があります。

本来は効率性や生産性の概念とは相容れないような実践や領域にそれらの概念が持ち込まれ、効率性や生産性を過度に求めることに人々は躍起になってしまうのです。

現代においては、教育や医療の現場においても、過度に効率性や生産性が求められ、そこで働く人々がひどく疲弊していることは社会問題の1つになっています。

発達心理学者のロバート・キーガンが指摘するように、私たちの成長とは、本来長大な時間をかけて実現されるものであり、効率性や生産性とは相容れない現象なのです。

確かに、ひとたび何かの味を知り、その旨味を知ってしまった人間を、すなわち一度餌付けと思考や行動の条件付けが完成してしまった人間を変革していくことは非常に難しいことではありますが、それは不可能ではないように思います。

時間を短縮化し、時間の効率化を至上命題の1つとする新自由主義のあり方に対抗する形で、例えば時間をかけてみる実践を意図的に行うことは大切になるでしょう。あえて手間隙をかけてみる実践をしてみることは、新自由主義の潮流から自分を守る上での護身術になるのではないかと思います。

例えば、自分で野菜や植物を育ててみるというのは、他の生命の持続時間や成長速度を感じる意味でも有益な実践かと思います。

生命を育てること以外にも、じっくり時間をかけて何か物を作ってみるだとか、とにかく効率性とは相容れないような取り組みを始めてみるのはいかがでしょうか。効率性を重視して外注していた作業を自分でやってみるというのもいいでしょう。ゆっくりと人間関係を育みながら、コミュニティーを運営するというのも大変素晴らしい実践です。

卑近な例で言えば、私はインスタントコーヒーではなく、コーヒー豆をコーヒーミルで自分で挽き、それをフレンチプレスに入れてそこにお湯をそそぎ、しばらく待ってからコーヒーを飲むということを毎朝行っています。

いずれにせよ、新自由主義は効率性を金科玉条としているので、それに対抗する形で、腰を据えてゆっくりと時間をかけて何かに取り組んでみるというのは良い実践的な処方箋になるのではないかと思います。

今すぐに何かに対して役に立つかという損得感情ではなく、古典と向き合ってみることや、じっくりと時間をかけて何かを研究してみることも非常に重要な実践的な処方箋になるでしょう。

そうしたことを継続させていけば、自らの固有の時間を取り戻し、観想的な生が少しずつ実現されていくのではないかと思います。

やってみよう! 成長疲労への処方箋ワーク⑰

コラム14を読んで、効率性や生産性を度外視した実践として取り組んでみたいと思ったこととしてどのようなものがあるでしょうか?

それを発見した段階で身近な人にその実践をシェアしてみてください。そしてその実践を始めてみて得られたことをまた身近な人にシェアしてみてください。

この実践の輪が広がっていくことは、効率性・生産性向上を過度に求めることに伴う社会規模での疲労に対する重要な処方箋の1つになるでしょう。

物質的なものへの過度な批判

人間が物と本当の関係を結ぶということは、物を所有することではなくて、物から我々がお互いに自由になりつつ、その相手の運命を本当に考え合うことだと思う

辻邦生（小説家）

巷ではよく、衣食住に関係することや経済的なことなどの物質的なものを批判する声が聞こえてきます。物質的なものが何を指すのかを明確に把握しなければ、物質的なものを過度に否定することにつながり、逆に精神性や思想などの非物質的なものに搾取され、取り込まれてしまう危険性が増大するのではないかと思います。

例えば、現代においては物質的なものを過度に否定すると、非物質的な情報などに踊らされ、簡単に騙されたり、搾取されてしまう危険性があります。また、新興宗教に騙されてしまうというのもその1つの例です。

人々は物質的なものを過度に好むか、過度に嫌うかの極端な方向に傾きがちであり、仮に物質的なものに依存する生活から解放されたとしても、ハンが指摘するように、そこではビッグデータによる搾取と管理が水面下で進行しています。

さらに重要なことは、物質的なものとの触れ合いの欠如から、生の実感の欠如などが生じている可能性があることです。そもそも、生の喜びや充実感の源泉に、肉体的なものや物質的なものがあることを忘れてはならないでしょう。

重要なことは、物質的なものも非物質的なものも毛嫌いすることなく、それらとうまく付き合っていくという意味で「健全に含んで超えていく」生活を営むことにあるのではないかと思います。

そうした生活を営むために、情報という非物質的なものへの傾きが激しい現代社会において、もう一度物質的なものの価値を見出す必要があります。

確かに現代は、物質の消費が激しいですが、それは「物質主義」ではなくて単に「消費主義」なだけであって、真の物質主義というのは、物質が本来持っている価値や質感を大切にする思想のあり方のことを言うのではないかと思います。

その点において、現代社会は消費主義的であると言え、物質の価値や質感を蔑ろにしている点において、決して物質主義的ではないのです。

そうした現代社会において、今一度、肉体的なものや物質的なものの意義や価値を問いたいと思います。

やってみよう！ 成長疲労への処方箋ワーク⑱

いかなる偉大な哲学よりも、自分の身体により偉大な叡智が存在している

ニーチェ（ドイツの哲学者）

今回のワークは、情報刺激の過剰な現代社会の中で、肉体的なものや物質的なものの意義や価値を取り戻すことにあります。

最もわかりやすく、それでいて意外と蔑ろにされているのが身体実践です。「健全なる精神は健全なる身体に宿る」とよく言われますが、不健康な食生活や運動不足、そして過度なストレスを通じて、現代人の多くは健全な身体を持っていません。

ここで今一度、健全な身体を自分が持っているのかを確認する上で、「日々の運動」「食事」「睡眠」について考えてみましょう。それら3つの要素は健全な身体を涵養する上で不可欠なものになります。

今この瞬間、それら3つの中で何か改善するべきものはないでしょうか？

改善するべきものが見つかったら、それをどのように改善していくと良いかを考え、小さな実践を始めてみましょう。

身体的なものを見つめ直すことが終わったら、自分が持っている物の中で最も大切なものは何かを考えてみましょう。

その物が大切な理由はなんでしょうか？

その物に含まれている思い出や物語、そして意味について考えてみましょう。

自分が大切にしている物を発見し、それがどのような理由から大切なのかを明らかにしたら、ぜひ身近な人にそれについて語ってみましょう。

停滞や退行を許容する

本書の冒頭でも言及したように、新自由主義的な施策を推し進めていった1人として、イギリスのマーガレット・サッチャーを挙げることができます。サッチャーは敬虔なプロテスタントの家庭で生まれ育ちました。

マックス・ウェーバーの主著『プロテスタンティズムの倫理と資本主義の精神』（邦訳：岩波書店）の中で、プロテスタントたちの勤勉で質素な倫理観と、資本主義の精神の最たるものである合理主義的かつ自助努力を尊ぶ精神は強い結び付きがあることが指摘されており、サッチャーはその影響を多分に受けていたのでしょう。


新自由主義的社会の中では、怠惰さの排斥と自助努力が奨励され、とにかく合理的に物事を進めていくような精神が求められます。他者に救いを求めるのではなくて、自分で自らを救うというあり方もまた尊ばれます。

こうした精神やあり方が行き過ぎてしまったのが現在の新自由主義的社会の姿であり、そうした社会から派生した種々の問題はハンが指摘していることでもあります。

いずれにせよ、資本主義に貢献することが人生の成功として尊ばれるような社会は歪に映りますし、そうした成功だけが成功として見なされ、あとは失敗の烙印を押されてしまうというのもまた歪に映ります。


私たちの発達は、紆余曲折を経て実現されます。自分の人生を振り返ってみた時に明らかなように、そこには無数の失敗があり、停滞する時期や、時には退行してしまう時期もあります。

ハーバード大学教育大学院教授カート・フィッシャーは、「ダイナミックスキル理論」という理論モデルを通じて、私たちの発達というものがどれだけダイナミックなものであるかを明らかにしました。発達には無数の多様な道があり、そのプロセスは実に変動性に富んだダイナミックなものだと指摘しています。

「成功」という言葉は陳腐に響きますが、発達のそうした性質を考慮に入れ、仮に成功という言葉を用いるのであれば、背後にある失敗――失敗という名の健全な路線変更や成功に至るために必要な停滞や退行――を含めての多様な成功を社会的に認めていくべきではないでしょうか。

サッチャーが遺した有名な言葉の1つに、〝TINA（There is no alternative）〟があります。これはすなわち、「代替案はない」という意味であり、サッチャーはこのスローガンの下、新自由主義的な政策を推し進めていきました。

しかし、何が起こるかわからないこの複雑な世界の中で、代替案を考えないということはそもそも知的怠惰であり、非常に危険なことのように思えます。

イギリスの哲学者ロイ・バスカーが指摘するように、私たちは必ず代替案を考えて進んでいかなければ、真の社会変革は実現しないのではないかと思います。

それは逃げ道を設けるという否定的な意味ではなく、先の読めない複雑なこの現代社会の中で、路線変更をしながら私たちが本当に目指すべきところに向かうためという肯定的な意味合いがそこにあります。

ＴＩＮＡの発想を乗り越え、絶えず代替案を考えながら進んでいくことは、国家の運営に携わる政治家や官僚、組織の運営に携わる企業経営者、そして私たち一人ひとりにとっても非常に大切なあり方に思えます。

マーク・フィッシャーの資本主義批判

資本主義批判を展開している重要な人物は多数存在しますが、その中でももう１人取り上げるとするならば、イギリスの思想家マーク・フィッシャーを挙げることができます。フィッシャーは、主著〝Capitalist Realism（『資本主義リアリズム』、邦訳：堀之内出版）〟の中で、「資本主義リアリズム」という概念を提唱しています。

資本主義リアリズムとは、資本主義が唯一の存続可能な政治・経済上のシステムであるだけでなく、それに対抗する代替物の想像すら不可能だという認識が蔓延した状態のことを言います。

現代社会を見渡してみると、まるで資本主義が唯一の生きる道であるかのように社会運営の隅々に張り巡らされていて、仮に資本主義に反旗を翻そうものなら、逆に資本主義リアリズムを強化してしまうだけだという批判をフィッシャーは展開しています。

さらにフィッシャーは、資本主義社会の中で成功することが、逆に資本主義システムの良き肥やしになっているという構造も指摘しています。これは企業社会に限らず、現代においては資本主義が至る所に遍満しているので、スポーツや芸術を含め、あらゆる業界に当てはまることです。

例えば、フィッシャーは、ロック歌手が資本主義の世界で成功してロックスターになることによって、もはやその人物が歌うものは資本主義体制に取り込まれてしまい、体制への抵抗の象徴であるロックではなくなってしまうという逆説を指摘しています。この指摘は、現代社会が社会的な成功と定義付けているものと資本主義の拡張への貢献との間には、密接なつながりがあることを見抜いたものだと言えるでしょう。

また、ロック歌手が歌っていたロックがロックではないものに価値が変質してしまう点も見逃すことはできません。すなわちそこには、資本主義は私たちの活動や取り組みの価値を変質させながら、資本主義システムの肥やしとして収奪していくシステムがあるということです。

さらに、もう1つフィッシャーの指摘を取り上げたいと思います。後期資本主義に現れた、あるいは後期資本主義によって生み出された注意欠如・多動症が、注意散漫で活動的であるというその性質を逆手にとってビジネスの場で応用されていることはよく知られていることです。

前述のように、マルチタスクというのは逆に注意欠如・多動症を促進するようなものであるにもかかわらず、現代社会ではマルチタスクを行うことが良いものであるかのように礼讃されています。

そもそも、注意欠如・多動症といった病気は、人間の特性や社会現象はラベルを貼る（レッテルを貼る）ことによって生み出されるという、社会学者のハワード・ベッカーが提唱した「ラベリング理論」の代表的な事例です。ラベルを最初に生み出すことによって、そうしたラベルに人々を当てはめていき、ラベルに該当する人が増えていってしまうという現象が注意欠如・多動症にも見られます。

また、注意欠如・多動症といったラベルが生み出されることによって、そうした病気を患っていなくても、多くの人々の集中力が低下することが社会的に助長されます。

その結果として、集中力が低下した人が社会に増え、そうした人を対象にした、次から次に新たな刺激を与えるようなサービスが生まれてきます。

ソーシャルネットワークサービス、動画視聴サービスや音楽配信サービスなどのコンテンツサービス、そしてそれらに付帯する広告サービスはその例であり、集中力が低下して、次々に新しい刺激を求める人が増加することは、そうしたサービスプロバイダーにとっては都合が良いことになります。

フィッシャーは自身が重度のうつ病を患っていたがゆえに、うつ病を取り巻く精神医療の世界に蔓延している構造的な問題を見抜いていました。

うつ病患者が先にあったのか、それともそのラベルが先にあったのかという、鶏が先なのか卵が先なのかは誰にもわかりませんが、うつ病の定義や範囲がいつの間にか拡張され、どんどんとそうした症状に該当する人が増えてきました。そして、それに注目した資本主義のプレイヤーたちがその症状を逆手に取って、ビジネスを展開したという構造をフィッシャーは見抜いていたのです。

この構造は至る所に見られるので、普段私たちが何気なく購入している商品や、活用しているサービスの背後に似たような構造がないかを分析してみることは、そうした構造に利用されることから身を守る上で大事な実践的な処方箋になるでしょう。

自己を魅力的に見せようとする資本主義への処方箋

マーク・フィッシャーの一連の論考は、ビョンチョル・ハンの思想と絡めれば、現代人が自己とその労働を積極的に商品化し、それを切り売りし、より魅力的な商品に自己を仕立て上げるために駆り立てられている状況について、また新しい見方を私たちにもたらしてくれます。

そこでは、癒しにせよ、自己啓発にせよ、SNSにせよ、はたまた美意識にせよ、リベラルアーツにせよ、それらの本来の意味や機能が失われ、単に自己をより魅力的な商品に仕立て上げるために、すなわちその見栄えと機能をより良いものにし、市場で価値ある存在として認めてもらえるようにするために利用されてしまっているのです。

言い換えると現代人は、ハンが述べる「自己売春（self-prostitution）」とでも形容できることを知らず知らず、しかもそれを良かれと思って自らに対して行っています。

現代の資本主義は、私たちを自己売春的な構造に埋め込むだけではなく、人間が他の人間を肥やしにして欲望を満たしていく共食い的な側面もあることは見逃せません。

資本主義がもたらす苦しみを力説するだけでは意味がなく、むしろそうした道徳的な力説は、フィッシャーの論を借りれば、逆に資本主義を強化してしまうことにつながります。

重要なことは、前述したような資本主義の特性に自覚的になり、自己防衛としてまずは私たち一人ひとりがどのような具体的実践を行えるのかを考えることが何よりも大切なことになるのではないかと思います。

目に見えない資本主義を見るために大事なこと

一片の塵が起これば、大地がそこにある。一輪の花が咲けば、世界がそこに現前する
圜悟《えんご》（中国の宋代の禅僧）

ビョンチョル・ハンにせよ、ポール・ティリックにせよ、資本主義社会を批判する大抵の理論の背後にはフロイトの精神分析の影響が強く見られます。中でもフロイトが提唱した「**快楽原則**（pleasure principle）」と「**現実原則**（reality principle）」というものが、まさに巧妙に資本主義によって悪用・濫用されている姿は頻繁に目に留まります。

まず、**快楽原則というのは、自分の内側から湧き上がってくる欲求を現実的に満たすか、想像的な充足によってその欲求を低減させること**を意味します。それは苦痛を避け、快楽を満たすことを第一にします。

一方の**現実原則は、欲求の充足を先延ばしにしたり、欲求を現実社会に適合したりする形で満たしていくこと**を指します。

実際に医師からお聞きしたことですが、例えば、人間誰しもが持っている攻撃性を発揮する欲望を現実世界で満たそうとすると犯罪者になってしまうので、外科医になって、患者の体にメス

を入れることによってその欲望を満たすということなどが挙げられます。

いずれにせよ重要なことは、現実世界に現れているものとそうでないものを区別することです。イギリスの思想家ロイ・バスカーの「批判的実在論」では、現実世界において体験やイベント、さらには現象として現れているものを「アクチュアル」なものと呼び、アクチュアルなものを生み出している仕組みや法則のことをバスカーは「リアル」なものと呼んでいます。

前述の欲望に関する例のように、医師が患者の身体にメスを入れるというアクチュアルな現象と、その背後にある医師の欲望というリアルなものは全く別物である可能性があるのです。

この図式を活用すれば、資本主義が現実世界に商品やサービスとして具現化させているものと、資本主義の論理やメカニズムをきちんと区別しなければならないことが見えてきます。

端的に言えば、前者は目に見えるものなのでアクチュアルなものですが、後者は目に見えないものなのでリアルなものです。とりわけ、資本主義の論理やメカニズムといったものは目には見えないリアルなものであるがゆえに、そうした隠れたものを見抜くための知識と洞察がなければ、いとも簡単に資本主義の世界に取り込まれてしまうことになります。

資本主義リアリズムに対抗する戦略の1つとして、資本主義が私たちに提示する現実世界の背後にあるリアルなものを見つめることをフィッシャーが指摘していたように、**成人発達理論が大切にするポストコンベンショナルな思考を獲得することは、資本主義の目には見えないルールや**

構造に気づかせてくれるだけではなく、資本主義から身を守ることの実現と、資本主義によって抑圧されることからの解放に寄与してくれるはずです。

コラム15

無限と有限のせめぎ合い

霊魂の闇夜にも、霊魂の太陽がまた昇る

井筒俊彦（東洋哲学者・イスラム学者）

不合理ゆえに我信ず

テルトゥリアヌス（チュニジアのキリスト教神学者）

利那的に消費されていく時間と、それを煽る果てしない生産消費活動によって、私たちの人生はますます利那的なものになっています。利那的な時間感覚で私たちを生きさせようとする資本主義社会の中で、永遠を感じさせてくれる時間にはどのようなものがあるでしょうか。一瞬一瞬という意味での利那を大切にすることと、生が利那的なものにされてしまうこととは全く違うことを意味しています。

現代においては、個人が自律を促される形で分断されているだけではなく、時間もまた断片的なものになり、それが1つの大きな忙《せわ》しない時間の流れとなって、人々はそうした時間の中に生きています。

仮に今、忙しない時間の中に生きているのであれば、それを対象化し、それに気づくだけでもそうした時間の流れに飲み込まれることを防ぐ最初の一歩になるでしょう。そよ風の音に耳を傾けること。家の中に飛んできた小虫を眺めること。そんな些細なことも、どこか忙しなく生きさせようとする現代社会のあり方に待ったをかける大切な実践のように思えてきます。

私たちの人間の欲望には際限がなく、一方で自らの命や地球の資源を含め、この世界には有限なものがたくさんあります。私たちはこの無限と有限のせめぎ合いの中で生きていて、人間文明はそのせめぎ合いの中で運動を続けています。

ティリックが述べた、永遠なるものを締め出す形で本来有限のものを無限だと倒錯的に信じながら形を生み出し続けることで自己を満足させるような性質である「自己充足的有限性」にあるように、私たちの文明は、有限なものを無限なものと錯覚して運動を続けているゆえに、どこかで崩壊を迎えてしまうかもしれません。

そんな文明が支配する社会の中で、人生の意味を落ち着いて考えることはますます困難になっています。

人生の意味を見出しにくくなっている現代社会において、直接的に人生の意味を問うというよりも、ヴィクトール・フランクルが述べるように、こうした意味喪失の危機に瀕している人生から私たちが何を問われているのかを内省することが大切なように思えます。

意味を汲み取ることが難しくなっている人生に対して意味を問うのは酷であり、そうであれば人生そのものから何を問われているのかを考えてみるというのは一案でしょう。

小説家の辻邦生《つじくにお》氏が絶えずその作品の中で登場人物の生きる意味を描き続けたように、おそらく私たちの生そのものは常に豊かな意味を持っているはずなのです。

私たちの生そのものは絶えず豊かなはずであり、現代においてはその意味が見出しにくくなっているだけなのではないでしょうか。

自らの命が有限なものであるという自覚を持つことと、人生は絶えず私たちに何かを語りかけていて、その問いかけに気づいていくことが、忙しなく生きることからの脱却と豊かな人生の実現に寄与してくれる希望の光になるのだと思います。

終章

「成長疲労への処方箋ワーク」の発展的活用法

自分の魂の奥深くから何かをなす時、内側を流れる喜びの川を感じることができるだろう

ルーミー（ペルシャの詩人）

本書のまとめとして、ここからはこれまで紹介してきた18個の処方箋ワークについて、成人発達理論の観点からの解説を加えていきます。

この解説を読むことによって、それぞれのワークの背後にある理論的な側面を理解できることに加え、より充実したワークが実現されることになるでしょう。

■ワーク1：多種多様なことへの挑戦

金銭獲得や組織での出世などを目指した活動ではなく、純粋に趣味として楽しんでいる活動は何か。現在、そうした活動に従事せずとも、本当はやってみたいと思っていることは何があるか

これを考えるに際して、自分の実践の偏りを見つけることを推奨しました。例えば、身体的な実践（ランニングやエクササイズなど）、認知的な実践（読書など）、芸術的な実践（芸術鑑賞や創作活動など）、霊的な実践（瞑想や祈りなど）といったことに偏っていたりしていないかを尋ねました。

全人格的・包括的な成長を実現していくに際して、様々な領域の実践に従事することが成人発達理論では推奨されています。興味深いことに、一見関係のないと思われる2つの実践が、実は互いに深く結びついていて、それら2つの実践に従事することによって、それぞれの実践が思わぬ形で深まっていくことはよくあることです。

例えば、私はジークンドーという武術と箏の演奏を趣味で行っているのですが、両者が思わぬ

形で結びつき、2つの領域の実践がより深まり、それを通じてさらなる自己成長が実現されていると実感しています。具体的には、ジークンドーの技を習得していく際に細部を意識して身体を動かすこととリラックスすることは、箏の様々な技法を習得していく際にも役に立つとわかったのです。

逆に、箏の演奏を通じてリズム感を養うことによって、ジークンドーの技に伴う身体リズムを掴むことが容易になり、お互いの相乗効果を実感する体験をしています。

この例からわかるように、様々な実践は目には見えない深い部分でつながっており、色々な実践をすることによって、それらの実践で相互作用が起こり、自己成長につながる様々な発見が得られることがあるため、多様な実践に従事するという領域横断的な実践をお勧めします。

■ワーク2：利己の内省と利他の確認

自分の実践が利己的なものになっていないかを確認し、利他的な実践に向けて内省を促す

本文の中でも言及したように、私たちは自分中心的な発想をする発達段階を経て、組織や社会の決まりを理解し、それに従って行動する発達段階に至ります。さらには、そこから自分独自の価値観と意思決定基準を持ち、自律的に行動できる発達段階に至ります。

その段階をさらに超えていくと、自分と他者の相互の成長を実現することに関心が向かい、利

他的に行動できる発達段階に到達します。

ここで取り組んでいただきたいのは、皆さんの実践がどの段階にあるのかを自己分析することです。取り組んでいる実践が複数ある場合、ある実践は利己的に行っていても、別の実践は利他的に行っていることもあります。そうしたばらつきを分析し、例えば自分の利益ばかりを考えている実践や他者の目を気にして行っている実践が、少しでも自律的な発想や利他的な発想で取り組めるように実践の見直しをします。

■ワーク3：自分にできないことのリストアップ

自分にできることをリストアップするのではなく、自分がやりたくてもできないことをリストアップすることを通じて、自分にできないことができている他者への尊重の念を持ち、逆に自分にしかできないことを発見していく

このワークの重要さは、成長を実現していく上でついつい自分ひとりで実践を進めてしまうという「自力の道」ばかりを歩んでしまうことを防ぎ、逆に他者についつい頼りすぎてしまう形で「他力の道」ばかりを歩んでしまうことを防ぐことにあります。

私たちは自分ひとりで生きていくことはできず、それでいて他者に頼りっぱなしで生きていくこともできません。さらなる成長を実現していく上で重要なことは、自力の道と他力の道の双方

を歩むことです。

このワークをきっかけにして、自分ひとりで実践を進めすぎてしまう傾向がある方は、他者との学び合いの場に参加してみたり、逆に他者に頼りすぎて実践を進めてしまう傾向がある方は、自ら創意工夫をしながら自力で実践を進めてみることを心掛けてみましょう。

■ワーク4：言葉の感性の涵養

日々の言葉が機能的・機械的なものになりすぎていないかを確認することを第一にし、そこから心に養分を与えてくれるような詩（楽曲の歌詞を含む）を探して味わってみる

このワークの背後には、ハーバード大学の発達心理学者ロバート・キーガンの弟子であるスイス人の発達心理学者スザンヌ・クック＝グロイターの発達理論から得られた洞察があります。クック＝グロイターの発達理論では、私たちが発達を遂げていくと、言葉を捉える感性そのものに変化が見られるとされています。

端的には、言葉の機能的・機械的な側面を重視し、合理性を好む発達段階の先に、そうした言葉では自分の内面や世界の複雑性をうまく説明できないという目覚めを通じて、比喩や詩的表現を巧みに用いる発達段階が存在することが実証研究で明らかになっています。

実際のところ、現代の資本主義で単に経済的な成功だけを得たいのであれば、合理性を重視

し、機能的・機械的な言葉を活用するだけで事足りるかと思います。しかし、経済的な成功を超えて、真に豊かな人生を送りたいのであれば、そうした言葉を使うことを乗り越えて、比喩や詩的表現を含んだ言葉の無限の可能性に開かれていくあり方を養っていく必要があるかと思います。
そうしたあり方を養う最初の一歩として、自分の好きな詩集を見つけることや、短くていいので実際に自分で詩を作ってみることをお勧めします。

■ワーク5：丸一日のデジタルデトックス

SNSを含め、デジタルデトックスを行ってみる

このワークはとてもシンプルでありながら、スマホやコンピューターの便利さに慣れている私たちにとってみれば、言うは易し行うは難しかもしれません。

休暇を取って島や山にこもらなければ、なかなかこのワークを行うのは難しいでしょうし、仕事上のメールを確認しないといけない場合もあるでしょう。そうしたことを考慮し、理想としては丸一日デジタルデバイスから離れてみることですが、それが難しければ、少なくともフェイスブックやツイッターなどのSNSの使用を控えてみましょう。

私たちが成長を遂げていく時には、自分の既存の行動特性を内省し、仮に悪しき習慣があればそれを是正して、新たな習慣を獲得しながら行動特性を刷新していくという現象が見られます。

私たちの心の成長も能力の成長も、一夜にして形作られるわけではなく、日々の小さな習慣的行為の積み重ねによって形作られていきます。

そうしたことから、今一度ここで立ち止まり、今、習慣的に行っているSNSの利用が本当に自分の成長につながっているのかを考えてみましょう。

■ワーク6：休息や休暇の自分なりの意味づけ

「自分にとって休息や休暇の意味は何か？」という問いと向き合う

発達心理学者のロバート・キーガンが指摘するように、私たち人間は絶えず現象や出来事に意味付けをしながら生きていく宿命の生き物であり、意味を生み出していく力を育むことが心の成長の1つの側面でもあります。

過労死の問題などが顕在化することにより、休息や休暇を取ることが表面的には推奨されていますが、実際のところは、まだまだ休息や休暇を積極的に取ることは我が国の文化に根付いていないように思います。

ひょっとすると、勤労が美徳だという労働観に加えて、休息や休暇が自身の成長に結び付かず、むしろそれらは停滞や退行のようなものだと捉えてしまっている方もいるかもしれません。

しかし、発達心理学者のカート・フィッシャーが実証研究で示しているように（詳細は拙著『成人発達理論による能力の成長』をご参照ください）、私たちの成長にとって停滞や退行は所与のものであり、むしろ停滞や退行があるからこそ大きな飛躍が実現される側面があるのです。

このワークでは、休息や休暇が持つ肯定的な側面を見出し、休息や休暇に対して自分なりの意味付けをすることを通じて、積極的に休んでみることを推奨しました。

■ワーク7：旅のススメ

国内でも国外でもいいので、旅に出かけてみる

旅と私たちの成長とはどのような関係があるのでしょうか？

私たちの成長を実現する上で、本文でも言及した「視点取得能力」というのは大事な要素になります。これは端的には、自分自身の内側の世界と外側の世界に対して様々な視点が取れる能力のことを指します。

例えば、自分の性格としてどのような特徴があるのかを考えることは内側の世界に向けた視点取得能力の発揮であり、現在、組織や社会で何が起こっているのかを考えることは外側の世界に向けた視点取得能力となります。

旅が私たちの成長にもたらす1つの大きな意義は、私たちの認識の枠組みを押し広げ、これまで取れなかったような視点を取らせてくれるように働きかけてくれることです。

わかりやすい例で言えば、皆さんが海外に旅行に出かけたことがあれば、その国で目に入るものは新鮮に見えたでしょうし、日本に帰ってきてからは、これまで気づかなかった日本の側面に気づくということがあったでしょう。また、その旅を通じて、自分自身の性格や行動特性に思わぬ気づきを得たりすることがあったかもしれません。

旅はまるで心の柔軟剤であるかのように、私たちの凝り固まった視点を柔らかくし、これまで向けることのできなかった対象に視点を向けさせてくれることを可能にし、私たちの世界観を広げてくれることに寄与してくれます。

■ワーク8：日々の活動の確認と断捨離

観想的な生を実現するために、活動の断捨離を行ってみる

より高次の発達段階になればなるほど、私たちの成長課題はより克服が難しいものになっていきます。そうした課題と向き合うためには、必然的に長大な時間が要求され、腰を据えてその課題と向き合うというあり方が求められます。

現代の忙しない時間の流れの中で生きていくことは、じっくりと腰を据えて自身の発達課題に向き合うことを難しくさせてしまうことがあります。その点を考えると、心を落ち着かせ、ゆったりとした時間の流れの中で生きるという観想的なあり方の重要性が自ずから浮かび上がってき

ます。

何もここでは、寺や修道院での修行生活と同じことを求めているわけではなく、日々無意識的に行っている行動の中でやらなくてもいいことや、強迫観念によって毎日やり続けていることは何かを数え上げてみて、それらのうちのいくつかを手放してみて、自分の心に時間的なゆとりを設け、人生において本当に大切なことは何かを考えるための心の余白を確保してみてください。

■ワーク9：自分グラフによる痛みや苦痛の検証

自分自身に与えられた贈り物としての痛みや苦痛に気づく

このワークを実践する際に、私がオランダのフローニンゲン大学の発達心理学のコースで行ったワークの方法を共有したいと思います。

まず、メモ帳かノートを用意してください。そこに横軸と縦軸を記入します。横軸は生まれてから今に至るまでの時間を示し、縦軸は人生の浮き沈みを表します。このワークを厳密に行う場合には、横軸は1歳刻みにしていきますが、簡易的にこのワークを行う場合には、まずは自分の人生の中で印象に残っていることを時系列的に思いつくままに列挙していってください。

この時のポイントは、肯定的なもの・否定的なものを問わず、とにかく自分の記憶に残っている印象的な出来事を列挙していくことです。そして、列挙された出来事に対して、主観的でいいので、今の自分に与えた影響を評価してみます。わかりやすく、今の自分に与えた影響を0から100で評価してみて、それを縦軸にプロットしていきましょう。

こうすることで、横軸には年齢に沿った印象的な出来事が列挙され、縦軸にはその出来事が今の自分に与えた影響の度合いが列挙されます。最後に、座標軸にプロットされた点を線で結びます。それを眺めてみると、前述のように、自分の人生が一直線ではなく、停滞や退行を伴った紆余曲折したものだということに気づくことができます。

そして重要なことは、そのグラフを眺めながら、1つ1つの出来事に含まれていた痛みや苦痛が何かを明らかにしていくことです。特に見落としがちなのは、肯定的な出来事に伴う痛みや苦痛です。何か成功した出来事の背後には、それ相応の代償があったはずであり、そうしたものを見落とさないようにしてください。

また、否定的な出来事に伴う痛みや苦痛を見ていく際には、その痛みや苦痛を克服させてくれたものが何だったのかを考えてみましょう。そこに今の自分が抱える痛みや苦痛を乗り越えていく大切なヒントがあるはずですし、今抱えている痛みや苦痛がさらなる成長にとって、とても尊いものだという視点が芽生えてくるはずです。

■ワーク10：可視化による視点取得能力の確認

世の中で可視化するべきものと可視化するべきではないものが何かを考えてみる

私たちが成長を実現していく過程の中で、これまで見えていなかったものが見えてくるという現象が起こります。それは認識できる世界が広がっていくことを意味しますが、同時に盲点も生み出します。新たな視点を獲得することは、同時にその視点によって見えなくなってしまう影の部分を生み出します。

このワークを通じて、可視化するべきものが明らかになったら、逆に可視化することによって影になってしまう事柄が何かを考えてみましょう。

また、可視化するべきではないものが明らかになったら、可視化しないことによって見えなくなってしまうものが何かを考えてみましょう。

高度な視点取得能力が芽生え始めると、1つの現象が持つ陰陽の両側面に気づくことができてきます。言い換えると、光が当てられた部分と影になっている部分を含め、現象の部分ではなく全体を把握する力が芽生えます。今回のワークはその力を高めていく効果を期待しています。

■ワーク11：驚きの体験の確認

ここ最近を振り返ってみた時に、自分の存在を揺さぶってくれるような偉大で崇高なものとどのような出会いがあったかを考えてみる

もしかしたら、そのような出会いが思いつかない方もいるかもしれません。成長を実現させていく上で重要なことは、今の自分の認識の枠組みでは理解できない対象と出会い、純粋に驚く体験をすることです。こうした驚きの体験は、今の認識の枠組みから私たちを少しずつ外に連れ出してくれます。

ハッとさせられるような驚きをもたらしてくれるのは人かもしれませんし、芸術作品かもしれませんし、自然かもしれません。もしそれらに関しても驚きをもたらされたことがここ最近なければ、本書をこれまで読むことを通じてハッとさせられた指摘や洞察にはどのようなものがあったでしょうか？

驚きの体験というのは興味深いことに、人に話すことによって、また人の話を聞くことによって、驚きの感情が伝染することがあります。そうしたことから、本書を通じて得られた指摘や洞察の中でハッとしたことを、文章にして誰かに共有してみたり、話し言葉として誰かと対話をしてみてください。

■ワーク12：人生の意味や自分の存在についての問い

今、自分自身が人生から問われている問いは何かを明らかにする

これは簡単なようでいて、結構難しいことでもあります。当たり前のことかもしれませんが、問いというのはその瞬間の自分にはまだ明確な答えがないものです。成人発達理論の観点から言い換えると、問いというのは未知なる自分からの投げかけであり、さらに言い換えれば、さらなる発達段階の自分からの投げかけでもあります。今ここで述べている問いというのは、人生から何を問われているのかという人生の意味や自分の存在に関する実存的な問いであり、そうした問いであればあるほど、問いは次の発達段階からの投げかけであるという性質が強まります。

そうした問いに答えるのがなぜ難しいかというと、その問いに答えることができたというのは次の発達段階への移行を意味するからです。私たちが1つの発達段階から次の発達段階に移行するのには長大な時間がかかります。

特に、成人期を迎えてくると、成長に伴う課題そのものが複雑となり、難易度が上がるため、次の発達段階に到達するための時間は必然的に長くなります。

そこで焦ることなく、まずは今の自分が人生からどのようなことを問われているのかを落ち着いた気持ちで内省してみてください。

次の発達段階に移行していくためには、そもそも解決するべき実存的な問いがなければならず、問いに答えていくというよりも、まずは問いを見つけていくことを心がけてみましょう。

■ワーク13：文脈思考のトレーニング

「資本主義の価値は何であったか？」を考えること。さらには、資本主義の価値のみならず、資本主義の性質の変遷を調べながら、どのような背景で新自由主義的資本主義が生まれたのかを明らかにし、新自由主義的資本主義の価値は何かを考えてみる

成人発達理論に基づいたこのワークの1つの狙いは、「文脈思考（contextual thinking）」を養うことです。文脈思考とは、物事の前提条件や物事が成立する文脈を捉えることができる思考のあり方のことです。

私たちが社会規範の囚われから脱却したり、ある現象に絡め取られないようにしたりするためには、文脈思考を養うことが不可欠です。何らかの囚われや制約から自分を解放するためには、そうした囚われや制約を対象化することが不可欠であり、文脈思考はそれを可能にしてくれます。

このワークでは、資本主義を例に取り、その成立背景や成立条件を調査し、思考を巡らせることによって文脈思考を養うことが狙いになっています。資本主義の前提条件を明らかにすること

で、資本主義に絡め取られることから徐々に解放されていくことも狙いとなっています。

■ワーク14：究極的な関心事の追究

自分の現時点における究極的関心は何かを明らかにし、自らの聖なる側面としての何ものにも代えがたい個性に気づく

このワークもワーク12と同じく、実践するのはなかなか難しいかもしれません。おそらくワーク12の「この人生から問われていることは何か？」と同様に、「今の自分の究極的な関心事は何か？」と問うことは普段なかなかないがゆえに、このワークが難しいものに感じられるのだと思います。

しかし、さらなる成長には、これまでの自分が考えつかなかったような問いを思いつくという側面があります。別の表現で言えば、さらなる成長の実現のためには、これまでの自分が考えたこともないような問いと向き合う必要があるとも言えます。

このワークを通じて、皆さんの現時点における究極的関心が明らかになれば、それは苦境の中における精神的な支えとして機能してくれるはずですし、さらなる成長の原動力にもなってくれるでしょう。

■ワーク15：自分の中にある「神律」の気づき

誰もが平等に与えられている1日24時間という計測可能なクロノスではなく、自分固有の時間感覚であるカイロスに気づく。そしてそこから、自分の存在を超越した働きとしての「神律」に気づく

自分固有の時間感覚に気づくことの大切さは、成長というのはつまるところ、各人それぞれの時間の中で実現されるという性質にあります。逆に言えば、自分固有の時間感覚に気づけないということは、成長の流れを鈍化させてしまうことにもつながりかねません。

さらなる発達段階の自分とは、当たり前かもしれませんが、今の自分を超えた存在です。自分を超えた存在への眼差しを持つことは、より高次の発達段階の自分を引き寄せてくることにつながるがゆえに、自分を超えた働きとしての「神律」に気づくことの大切さがあります。

■ワーク16：異質なこととの価値観への気づき

資本主義が好む肯定性の具体例と資本主義が嫌う否定性の具体例を考える

私がかつて師事をしていた発達心理学者オットー・ラスキー博士は、「人間の成長とは弁証法的なプロセスである」と常々述べられていました。それは私たちの成長は、これまでの自分が気づけていなかったことに気づき、それを咀嚼しながら自分の世界観をさらに広げていくことを意

味します。

別の表現をすれば、今の自分にとって異質な考え方や発想と出会い、それらを自分の内側に取り入れていく形で価値観を刷新していくということです。

今の自分の価値観の枠組みでは気づけないことや異質に感じられることを見つけていく前段階として、焦点を資本主義に当て、資本主義が好む側面と好まない側面の双方を明らかにすることがあります。

このワークに取り組むことによって、ラスキー博士の前述の言葉のように、資本主義を弁証法的な成長プロセスを通じてより良きものに変容させていくことが期待できます。

■ワーク17：効率性や生産性から逸脱することへの取り組みの気づき

コラム14（256ページ）を読んで、効率性や生産性を度外視した実践として取り組んでみたいと思ったこととしてどのようなものがあるかを考える

そもそも私たちの成長は、効率性や生産性とは相容れない性質を持っています。本文で言及したように、私たちの成長は停滞や退行を所与とし、紆余曲折しながら実現されていきます。

効率性や生産性を過剰に追い求める現代の風潮は、紆余曲折を経ながら実現されていく私たちの有機的な成長を阻害することにつながりかねません。成長促進剤を大量に投与された植物や動

物が不健康に陥ってしまったり、命を落としてしまうことがあるように、人間の成長も過剰に効率性や生産性を追い求める風潮の中で成長を急がせてしまうと、成長の歩みが完全に止まってしまうことが起こり得ます。

また、成長の実現には長大な時間を要することから、心のゆとりを確保する意味で、効率性や生産性を度外視した実践として取り組んでみたいことを明らかにすることがこのワークの主眼でもあります。

■ワーク18：微細なことへの気づき

肉体的なものや物質的なものの意義や価値を取り戻す

とりわけ前者においては、「日々の運動」「食事」「睡眠」などの身体的な実践を見直すことです。

私たちの成長はどんな領域であれ、成長すればするほど、これまで捉えられなかった微細なものを捉えられるようになっていきます。例えば、スポーツ選手であれば、身体の微細な動かし方や感覚に気づけるようになってくるでしょう。画家であれば、筆の微細な動かし方や微細な色づかいに気づくことができるようになります。

これは何も身体を伴う領域に限定された話ではなく、例えば経営者であれば、これまで捉えられなかったマーケットの微細な動きや人の心の機微に気づけるようになってくるという形で現れます。

ここで重要なことは、微細なものに気づいていくための器としての身体が健全なものでなければ、言い換えれば、身体感覚が研ぎ澄まされていなければ、微細なものを捉えることが難しくなってしまうということです。それゆえに、身体感覚を養っていくことを目的にして、身体実践を見つめ直すことを推奨しました。

その次の取り組みとして、物質的なものの意義や価値を見つめ直すことです。現代社会は非物質的な情報が過剰に蔓延していて、目には見えないものを強調する一部の新興宗教の猛威も依然として存在しています。

非物質的な情報の世界に埋没してしまうことや、目には見えないものを強調するような新興宗教の世界に引き込まれないようにするために、ここで立ち止まって物質的なものが持つ意義や価値を再考することが大切です。

■ワークの総括：「自力の道」と「他力の道」の実践

それぞれのワークを自分ひとりで取り組むという「自力の道」の実践と、周りの人と対話をしながらそれぞれのワークに取り組むという「他力の道」の実践の推奨また、ワークに取り組む環境を工夫してみるというのもお勧めです。なぜなら、私たちは絶えず環境と相互作用する生き物であり、環境からの影響は馬鹿にできないからです。

例えば、それぞれのワークを自然の中や、神社・寺・教会の中で行うことは、私たちの存在を超えた力の恩恵を受けながらワークに取り組むという「神力の道」の実践になるでしょう。

あとがき

芸術家とは、革命家や思想家と同じく、時代の困難に進んで直面し、その止揚に挑む存在である
辻邦生（小説家）

世界はあなたが授かったギフトとしてのユニークさを欲している。それを外側に表現しないまま
この世を去ってはならない
ヨガの教え

●――ポストコロナにおける「免疫獲得時代」の中で

ここまでお付き合いいただき、どうもありがとうございます。本書は、ロシアとウクライナの戦争が依然として続く中で書かれ、執筆を始めたタイミングで、安倍晋三元首相が凶弾に倒れるという事件が起き、混迷する現代社会への一考察の発信として著すものになりました。

それらの悲惨な出来事と自分は決して無縁ではなく、それらの出来事を通じて、自分の生が問

われ、この現代社会がどのような性質を持ち、どのように動いているのかについて強い問題意識が立ち現れました。本文の言葉を借りれば、それは自分が引き受けた痛みのようなものでした。

この痛みもまた1つのギフトであり、自分がこれまで探究してきた事柄と今この瞬間の問題意識を重ね合わせ、自分の言葉としてそれを表現しなければならないという内側の衝動に根ざす形で、まさに止むに止まれず本書を執筆しました。


バッハの傑作であるゴルトベルク変奏曲のように、本書では、大事なテーマについてはまるで変奏曲のように反復的に取り扱うことによって、そのテーマの新たな意味や側面が浮かび上がってくるように意識しました。

実際にそのような形式で執筆してみると、フランスの哲学者ジル・ドゥルーズが指摘した、反復を通じて新たな存在が生まれてくるという「反復による差異」が体現された形で、成長を取り巻く新自由主義的社会の問題が重層的に立ち上がってきました。

また、ビョンチョル・ハンやポール・ティリックの思想を借りながら本書で指摘した事柄は、私自身の問題意識が強く投影されたものでありながら、それはきっと皆さんの中にも薄々存在していたものなのではないかと思います。自分が直面する課題は、他者も同じような課題として直面していることが多く、社会の課題は自分の課題でもあるというフラクタル（自己相似）な構造が見出されるのではないかと思います。

思想家のルドルフ・シュタイナーは、『ニーチェ　みずからの時代と闘う者』（邦訳：岩波書店）という書籍で、私たち一人ひとりが同時代に対して実存的に向き合うことの大切さを説き、時代と格闘しながら、時代そのものをより良きものに変容させていくことの大切さを謳っています。

また、敬愛する小説家の辻邦生氏は、私たちは誰しもが芸術家としての素質を持っていて、芸術家は革命家や思想家と同様に、時代の課題と真摯に向き合い、それを超克することに邁進する存在であると述べています。

日本を離れ、欧米で12年間ほど過ごす中で、自分なりに時代と向き合って考えさせられたこと、感じたことの一端を本書を通じて皆さんに共有させていただき、本書が皆さんの今後の学習や実践に少しでもお役に立てるのであれば幸いです。

また本書は、ポストコロナの社会情勢を鑑みて執筆されたものでもあります。現代社会は種々の免疫機能を高めることを迫る「免疫獲得時代」の様相を帯びています。コロナの体験を経て、今、私たちは、物理的なウィルスへの身体的な免疫機能を高めるだけではなく、目には見えない情報や時間の過剰な流れというウィルス的なものに対しても免疫機能を高めていかなければならない時代を生きているように思えます。

その背後には、新自由主義的資本主義が存在しており、テクノロジーの発達を受け、加速度的な情報や時間の流れに対する免疫機能を高めていくことは、時代の急務となっています。

本文で言及したように、少なくとも観想的な生を営むことは、その対抗手段になるでしょうが、それをしているだけでは単なる個人的な防衛でしかなく、重要なことは時代のそうした病理に私たちが一丸となって働きかけていくことだと思います。

現代という時代が抱える病に対する特効薬は残念ながら存在しないと思えるのですが、本書で紹介したハンやティリックの思想、そして様々な学者の考え方及び私が専門としている成人発達理論は、私たち一人ひとりと社会全体に対するワクチンとしての実践的な処方箋を提示してくれることの助けになるはずです。

本書は、現代社会が抱える構造的な病に焦点を当てました。結局それは、資本主義を生み出した人間文明が不可避に背負うことになった文明の病と見なすことができるのではないかと思います。

本書では、文明の病の種々の症状を取り上げながら、それが資本主義のどのような発想からもたらされているのかを紹介していきました。成人発達理論の観点からすれば、文明の病をもたらす新自由主義的資本主義の発想の中で最も治癒と克服が求められるのは、計測不可能な質（目には見えない質）よりも計測可能な量（目に見える量）を重視する発想だと思います。

ニーチェは産業革命後の資本主義の台頭の時代に、経済合理性が人々の生活に浸透し始めた頃、「神は死んだ」と述べました。もしニーチェが現代に生きていたら、「神は死んだ。そして、マモン（富の悪魔）の脅威によって質も死んだ」と述べるかもしれません。

私たちは、量が支配的な物語として君臨する社会の中にあって、質的なものが持っていた市民権を復活させる必要があるのではないでしょうか。

数字というのは誰が見ても明らかなものであり、それは民主的な存在と言えばそのように言えるかもしれません。しかし、現代人は数字の魔力に取り憑かれ、あまりにも目が曇らされてしまっています。

現代文明の課題としてのし掛かる、量の力と質の力の均衡の崩壊に対して、私たちは今一度、質的なものに目を向け、彼らに居場所を与える形で、「質の民主化」を実現させていく必要があるのではないでしょうか。

最後に、皆さんへのメッセージを書き残す形で、あとがきの執筆を終えたいと思います。

「人は各種各様の旅をして、結局、自分の持っていたものだけを持って帰る」というゲーテの言葉にあるように、1冊の書物を読むことは、その人にとっての旅のような体験なのではないかと最近よく思います。

本書を読むという旅を通じて得られた気づきや学び、そして新たに閃いた実践などをぜひ周りの多くの方に共有していただけるのであれば、著者として望外の喜びです。

哲学者のソクラテスは、その生涯において1冊も著作物を残しませんでした。ソクラテスにとって哲学とは、書物に書き表されるようなものではなかったのでしょう。言い換えるとソクラテスにとって、人々との対話こそが生きた哲学だったのです。

本書の指摘にあるように、新自由主義的社会の中で、人どうしのつながりはますます希薄なものになり、共同体や共通資本が崩壊の危機に瀕しています。

そんな社会の中で、私たちがもう一度自らの生きる意味や人生の意味を取り戻し、他者とのつながりを回復させ、共同体や共通資本を育むために、ソクラテスが大切にした対話の意味や価値を改めて問いたいと思います。

本書が、誰かとの対話の材料となり、また私自身がどこかで皆さんと対話ができるのであれば、とても嬉しく思います。その日を楽しみにしながら、筆を置かせていただきます。

たとえ明日、世界が滅亡しようとも、今日私はリンゴの木を植える

マーティン・ルター（ドイツの神学者）

謝辞

そよ風に揺られる木々の枝は、それぞれ思い思いに違う形で動く。しかし、それらは同じ根でつながっている

ルーミー（ペルシャの詩人）

人の一生における最善のもの、それは、誰の目にも触れない、誰の記憶にも残らない、愛と思いやりのこもった、ささやかな行為である

ウィリアム・ワーズワース（イギリスの詩人）

今回の書籍は、実に6年ぶりの単著になりました。この6年を振り返ってみると、そこには色々な人たちとの出会いがあり、様々な学問分野や実践との出会いもありました。結局、自分の人生は、良縁による良き出会いによって形作られているのだとつくづく気づかされます。

本書を執筆するに際して、まずは本文のそれぞれの章や見出しの冒頭で引用した思想家や芸術家に感謝の意を捧げたいと思います。彼らの言葉は、本文で提示した様々な分析以上に洞察が深

いものが多く、本文で提示した様々な処方箋以上に実践的な処方箋を示唆する意味を内包していたように思います。

本来は、この書籍が誕生するまでに出会った全ての方々、交流した全ての方々にお礼を伝えたいのですが、誌面の都合上、本書を執筆するに際して多大な貢献をしてくださった3名の方にこの場を借りてお礼を伝えたいと思います。

まずは、編集者の根本浩美さんにお礼を述べたいと思います。根本さんには過去の単著の全ての編集をしていただき、今回も根本さんのお力がなければ本書は誕生しなかったことでしょう。根本さんから、拙著『成人発達理論による能力の成長』の時のような具体的なワークを入れていきましょうというフィードバックをいただいたおかげで、単なる思想書を超えて、本書が実践書にもなったと思います。本来、思想や哲学は、実践を志向するものであることを考えると、根本さんのフィードバックは本当に大切なものでありました。

次にお礼を述べたいのは、一般社団法人Integral Vision & Practiceの代表理事かつ知人の鈴木規夫さんです。実は本書は、2022年7月に鈴木さんと開催した文明論に関するセミナーがきっかけとなって誕生しました。鈴木さんとの全3回にわたるセミナーの期間中、突如自分に何かが降りかかってきて、わずか5日間のうちに本書の第一稿を書き上げました。鈴木さんは私にとって、人間の成長を取り巻く時代の課題に対して同じ問題意識を共有している数少ない同志であり、度重なる対談を通じて考えを深めることができたことへの感謝の気持ちをこの場で伝えたいと思います。

最後に、株式会社アントレプレナーファクトリー代表取締役の嶋内秀之さんにこの場を借りてお礼申し上げます。嶋内さんにはこの4年間の協働を通じて、いつも自分の探究の成果をリアルタイムでセミナーや講座を通じて共有させていただく場を作っていただいていることに本当に感謝しています。

本書を生み出すことに寄与してくださった全ての方々、そして本書を手に取って読んでくださった全ての方々に対して感謝の気持ちを持ちながら、私もまた引き続き探究と実践を続けていきたいと思う次第です。

2023年1月

旅の空の下で　スペイン　マヨルカ島

加藤 洋平

48. Piaget, J. (1968). Structuralism (『構造主義』白水社). Routledge & Kegan Paul.
49. 斎藤幸平 (2020)『人新世の「資本論」』集英社
50. Sandel, M. L. (2020). The Tyranny of Merit: What's Become of the Common Good? (『実力も運のうち 能力主義は正義か?』早川書房) Penguin Books.
51. シュタイナー.R. (2016)『ニーチェ みずからの時代と闘う者』岩波書店
52. Stiegler, B. (1998). Technics and Time, 1: The Fault of Epimetheus (『技術と時間1―エピメテウスの過失』法政大学出版局). Stanford University Press.
53. Stiegler, B. (2009). Technics and Time, 2: Disorientation (『技術と時間2―方向喪失』法政大学出版局). Stanford University Press.
54. Stiegler, B. (2010). Technics and Time, 3: Cinematic Time and the Question of Malaise (『技術と時間3―映画の時間と〈難―存在〉の問題』法政大学出版局). Stanford University Press.
55. Stiegler, B. (2014). Symbolic Misery, Volume 1: The Hyper-Industrial Epoch (『象徴の貧困1―ハイパーインダストリアル時代』新評論). Polity.
56. 鈴木規夫 (2021)『人が成長するとは、どういうことか ―発達志向型能力開発のためのインテグラル・アプローチ』日本能率協会マネジメントセンター
57. Tillich, P. (1951–1963). Systematic Theology (in 3 volumes) (『組織神学』新教出版社). University of Chicago Press.
58. Tillich, P. (1952). The Courage to Be (『生きる勇気』平凡社). Yale University Press.
59. Tillich, P. (1959). Theology of Culture (『ティリッヒ著作集 (第7巻)』白水社). Oxford University Press.
60. Trungpa, C. (1973). Cutting Through Spiritual Materialism (『タントラへの道―精神の物質主義を断ち切って』めるくまーる). Shambhala.
61. 辻邦生 (1995)『人間が幸福であること 人生についての281の断章』海竜社
62. 辻邦生 (1996)『愛、生きる喜び 愛と人生についての197の断章』海竜社
63. ウィルバー.K (2019)『インテグラル理論 多様で複雑な世界を読み解く新次元の成長モデル』加藤洋平監訳、門林奨翻訳、日本能率協会マネジメントセンター
64. Zizek, S. (2006). How to Read Lacan (『ラカンはこう読め!』紀伊國屋書店) Granta.
65. Zuboff, S. (2019). The Age of Surveillance Capitalism: The Fight for a Human Future at the New Frontier of Power (『監視資本主義: 人類の未来を賭けた闘い』東洋経済新報社). Profile Books.

Boyars Publishers.
29. 井筒俊彦 (2013)『神秘哲学』(井筒俊彦全集第二巻)、慶應義塾大学出版会
30. 井筒俊彦 (2014)『意識と本質』(井筒俊彦全集第六巻)、慶應義塾大学出版会
31. 今道友信 (1972)『愛について』講談社
32. 今道友信 (1973)『美について』講談社
33. 加藤洋平 (2016)『なぜ部下とうまくいかないのか「自他変革」の発達心理学』日本能率協会マネジメントセンター
34. 加藤洋平 (2017)『成人発達理論による能力の成長 ダイナミックスキル理論の実践的活用法』日本能率協会マネジメントセンター
35. 川面凡児 (2016)『祖神垂示 天照太神宮』上田旭訳、太玄社
36. キーガン. R. & レイヒー・L.L. (2013)『なぜ人と組織は変われないのか―ハーバード流 自己変革の理論と実践』英治出版
37. Krishnamurti, J. (1981). Education and the Significance of Life (『クリシュナムルティの教育原論―心の砂漠化を防ぐために』コスモスライブラリー). HarperOne.
38. Land, N. (1992). The Thirst For Annihilation: Georges Bataille and Virulent Nihilism (『絶滅への渇望:ジョルジュ・バタイユと伝染性ニヒリズム』河出書房新社). Routledge.
39. ラスキー.O. (2015)『心の隠された領域の測定:成人以降の心の発達理論と測定手法』加藤洋平訳、IDM出版
40. Marcuse, H. (1955). Eros and Civilization: A Philosophical Inquiry into Freud (『エロス的文明』紀伊國屋書店). Beacon Press.
41. Marcuse, H. (1964). One-Dimensional Man: Studies in the Ideology of Advanced Industrial Society (『一次元的人間―先進産業社会におけるイデオロギーの研究』河出書房新社). Routledge.
42. Marcuse, H. (1979). The Aesthetic Dimension: Toward A Critique of Marxist Aesthetics (『美的次元―マルクス主義美学の批判に向けて』河出書房新社). Beacon Press.
43. Miller, A. (1983). For Your Own Good: The Roots of Violence in Child-Rearing (『魂の殺人 親は子どもに何をしたか』新曜社). The Noonday Press.
44. 宮台真司 (2021)『崩壊を加速させよ「社会」が沈んで「世界」が浮上する』株式会社blueprint
45. 森有正 (1978)『バビロンの流れのほとりに/流れのほとりにて』(森有正全集第1巻)、筑摩書房
46. 西部邁 (2012)『西部邁の経済思想入門』左右社
47. オットー.R (2010)『聖なるもの』岩波書店

11. Foucault, M. (1961). Madness and Civilization: A History of Insanity in the Age of Reason (『狂気の歴史』新潮社). Random House, Inc.
12. Freire, P. (1970). Pedagogy of the Oppressed (『被抑圧者の教育学－新訳－』亜紀書房). Penguin Books.
13. Freud, S. (1930). Civilization and Its Discontents (『文化への不満』光文社). W. W. Norton & Company, Inc.
14. Fromn, E. (1941). Escape from Freedom (『自由からの逃走』東京創元社). Henry Holt Books.
15. Fromn, E. (1950). Psychoanalysis and Religion (『精神分析と宗教』東京創元社). Yale University Press.
16. Fromn, E. (1955). The Sane Society (『正気の社会』社会思想社). Routledge.
17. Fromn, E. (1973). The Anatomy Of Human Destructiveness (『破壊 人間性の解剖』紀伊國屋書店). Picador.
18. Fromn, E. (2019). On Disobedience: Why Freedom Means Saying No to Power (『反抗と自由』紀伊國屋書店). Harper Perennial.
19. Gardner, H. (1973). The Quest for Mind: Piaget, Levi-Strauss & the Structuralist Movement (『ピアジェとレヴィ＝ストロース―社会科学と精神の探究』誠信書房). Knopf.
20. Guattari, F. (2011). The Machinic Unconscious: Essays in Schizoanalysis (『機械状無意識―スキゾ分析』法政大学出版局). Semiotext (e).
21. Gurdjieff, G.I. (1974). Life is Real Only Then, When 'I Am' : All and Everything (『生は〈私が存在し〉て初めて真実となる』平河出版社). Penguin Books.
22. Han, B.C. (2015). The Burnout Society (『疲労社会』花伝社). Stanford University Press.
23. Han, B.C. (2015). The Transparency Society (『透明社会』花伝社). Stanford University Press.
24. Harvey, D. (2018). The Limits to Capital (『空間編成の経済理論―資本の限界(上・下)』大明堂). Verso.
25. Heidegger, M. (1977). The Question Concerning Technology: And Other Essays (『技術への問い』平凡社). Harper Perennial.
26. Huizinga, J. (1938). Homo Ludens: A Study of the Play-Element in Culture (『ホモ・ルーデンス　人類文化と遊戯』中央公論社). Angelico Press.
27. Hui, Y. (2016). The Question Concerning Technology in China: An Essay in Cosmotechnics (『中国における技術への問い』ゲンロン). Urbanomic.
28. Illich, I. (1971). Deschooling Society (『脱学校の社会』東京創元社). Marion

内在する性質にせよ、その文献の大部分は英語のものになります。筆者自身が読んだものの中で良書と思うものだけを厳選しましたので、この機会に、英語空間に無限に広がっている知識にアクセスしてみるのもよいでしょう。

本書のテーマに関する全ての参考文献リストは、筆者のウェブサイト「発達理論の学び舎（https://www.yoheikato-integraldevelopment.com/)」の「学習教材」の下段にPDFとしてアップロードしており、自由に閲覧・ダウンロードしていただくことが可能です。

以下には本書で参照・言及した文献のうち、日本語に翻訳されている書籍及び日本語の書籍のみを掲載しております。

1. Benjamin, W. (1935). The Work of Art in the Age of Mechanical Reproduction (『複製技術時代の芸術』晶文社). Penguin.
2. Bhaktivedanta Swami Prabhupada, A.C. (1986). Bhagavad-Gita As It Is (『バガヴァッド・ギーター（1987)』バクティヴェーダンタ出版ヴェーダンタ出版). The Bhaktivedanta Book Trust.
3. Bhaskar, R. (1993). Dialectic: The Pulse of Freedom (『弁証法―自由の鼓動』作品社). Verso.
4. Bhaskar, R. (1997). A Realist Theory of Science (『科学と実在論―超越論的実在論と経験主義批判』法政大学出版局). Verso.
5. Deleuze, G. (1968). Difference and Repetition (『差異と反復』河出書房新社). Columbia University Press.
6. Deleuze, G. & Guattari, F. (1983). Anti-Oedipus: Capitalism and Schizophrenia (『アンチ・オイディプス―資本主義と分裂症〔上・下〕』河出書房新社). Bloomsbury Academic.
7. Deleuze, G. & Guattari, F. (1987). A Thousand Plateaus: Capitaliism and Schizophrenia (『千のプラトー　資本主義と分裂症』河出書房新社). Bloomsbury Academic.
8. Feenberg, A. (1999). Questioning Technology (『技術への問い』岩波書店). Routledge.
9. Fischer, M. (2009). Capitalist Realism: Is There No Alternative? (『資本主義リアリズム』堀之内出版） Zer0 Books.
10. Fischer, M. (2014). Ghosts of My Life: Writings on Depression, Hauntology and Lost Futures (『わが人生の幽霊たち―うつ病、憑在論、失われた未来』Pヴァイン). Zer0 Books.

【付録】 発展学習のための参考文献

読者の皆さんの発展学習のために、本書で直接言及していない書籍についても以下に参考文献として紹介させていただきます。

現代社会の中で水や空気のように存在しているマネー、テクノロジー、宗教、そして資本主義は、現代文明の病理の根幹と関わっているものであり、それらに内在する性質を理解していくことは、現代文明の病を精緻に分析し、病の治癒と変容に向けた実践をしていくにあたって大変重要になります。

本書で一度言及した、神学の観点からマネーの内在性質を扱っているノッティンガム大学のフィリップ・グッドチャイルド（Philip Goodchild）、そして本書では言及していないボストン大学のニミ・ワリボコ（Nimi Wariboko）の一連の書籍は、マネーに関して非常に重要な洞察と観点を提供してくれます。

テクノロジーに関しては、本書でも言及したフランス哲学者のバーナード・スティグラー（Bernard Stiegler）や、スティグラーに多大な影響を与えたフランス哲学者ギルバート・シモンドン（Gilbert Simondon）の仕事はとても参考になるかと思います。また、本書では言及していないアメリカの哲学者アンドリュー・フィーンバーグ（Andrew Feenberg）の仕事もまたテクノロジーに内在する性質を理解する上で非常に有益です。

その他にも、マネーの問題と関連して、経済学・金融工学の構造的・方法論的問題に関する書籍や、地球環境問題を含めたエコロジーの問題を扱った書籍、テクノロジーの問題と関連して、ポストヒューマンに関する書籍などもリストに入れています。

さらに、成人発達理論や発達科学に関して、これまで日本で出版されている書籍では言及されていない重要な書籍もいくつかリストに加えてあります。

リストに掲載されている書籍を読み進めていった後に、最新知識や補足的な知識を得るためには、書籍ではなく、関心を持った学者の学術論文を参照してみることをお勧めします。書籍よりも学術論文のほうが圧倒的に数が多く、それらを参照すると、文明の病理の治癒と変容に関する知識体系がより広範かつ堅牢なものになるでしょう。

本書の内容に関する書籍を厳選してリストアップしましたが、少し量が多いかもしれませんので、タイトルを読んでご自身の関心に合致するものから読み進めていただければと思います。翻訳されている書籍はできるだけ日本語のタイトルも載せました。しかし、人間発達にせよ、マネーやテクノロジーに内在する性質にせよ、そして資本主義に

加藤 洋平（かとう ようへい）
知性発達学者・現代思想家。東京・御茶ノ水生まれ。山口県立光高等学校卒業。一橋大学商学部経営学科卒業後、デロイト・トーマツにて国際税務コンサルティングの仕事に従事。退職後、米国ジョン・エフ・ケネディ大学にて発達心理学とインテグラル理論に関する修士号（MA. Psychology）、および発達測定の資格を取得。オランダのフローニンゲン大学にてタレントディベロップメントに関する修士号（MSc. Psychology）、および実証的教育学に関する修士号を取得（MSc. Evidence-Based Education）。現在、オランダ・フローニンゲンに在住しながら、人間発達と文明学の研究を続けている。ウェブサイト「発達理論の学び舎」（https://www.yoheikato-integraldevelopment.com/）にて、オランダでの日々の探究について紹介している。
著書：『成人発達理論による能力の成長 ダイナミックスキル理論の実践的活用法』『なぜ部下とうまくいかないのか 「自他変革」の発達心理学』（以上、日本能率協会マネジメントセンター）
監訳：『インテグラル理論 多様で複雑な世界を読み解く新次元の成長モデル』（日本能率協会マネジメントセンター）
監修・解説：『リーダーシップに出会う瞬間 成人発達理論による自己成長のプロセス』（日本能率協会マネジメントセンター）
翻訳：『心の隠された領域の測定 成人以降の心の発達理論と測定手法』（IDM出版）

成人発達理論から考える成長疲労社会への処方箋

2023年4月30日　初版第1刷発行

著　者——加藤 洋平

発行者——張 士洛
発行所——日本能率協会マネジメントセンター
〒103-6009 東京都中央区日本橋2-7-1　東京日本橋タワー
TEL 03(6362)4339(編集)／03(6362)4558(販売)
FAX 03(3272)8127(販売・編集)
https://www.jmam.co.jp/

装　　丁——重原 隆
本文DTP——株式会社森の印刷屋
印 刷 所——広研印刷株式会社
製 本 所——株式会社三森製本所

ISBN 978-4-8005-9095-4　C0036
落丁・乱丁はおとりかえします。
PRINTED IN JAPAN